黃金之葉

行進於知識的密林裡，
途徑如此幽微。
我們尋覓一些參天古木，作爲指標，
我們也收集一些或隱或現的黃金之葉，引爲快樂。

黃金之葉
19

Net and Books 網路與書
一九一九，日本與中國
杜威夫婦的遠東家書
LETTERS FROM CHINA AND JAPAN

作者：約翰・杜威（John Dewey）、愛麗絲・C ・杜威（Alice C. Dewey）
譯者：林紋沛、黃逸涵
導讀：王清思
責任編輯：張雅涵
設計：林育鋒
校對：呂佳真

出版者：英屬蓋曼群島商網路與書股份有限公司臺灣分公司
發行：大塊文化出版股份有限公司
臺北市 10550 南京東路四段 25 號 11 樓
www.locuspublishing.com
TEL：(02)8712-3898　FAX：(02)8712-3897
讀者服務專線：0800-006689
郵撥帳號：18955675　戶名：大塊文化出版股份有限公司
法律顧問：董安丹律師、顧慕堯律師

Cover Image: Hu Shih, John Dewey and others in Shanghai, 1919/ User: Stevenliuyi/ Wikimedia Commons/ Public Domain

總經銷：大和書報圖書股份有限公司
地址：新北市新莊區五工五路 2 號
TEL：(02)8990-2588　FAX：(02)2290-1658
製版：瑞豐實業股份有限公司

初版一刷：2019 年 5 月
定價：新臺幣 350 元
ISBN：978-986-96168-9-8

Printed in Taiwan

一九一九 日本與中國

杜威夫婦的遠東家書

LETTERS FROM CHINA AND JAPAN

約翰・杜威 John Dewey、
愛麗絲・C・杜威 Alice C. Dewey——著

林紋沛、黃逸涵——譯
王清思——導讀

導讀

誌杜威：紀念一位哲人的文化行旅

王清思
國立嘉義大學教育學系教授

二十世紀是美國實用主義哲學嶄露頭角的時期，在眾多哲學家中，約翰．杜威（John Dewey）可說是獨樹一格；他的知名度和影響力不僅限於哲學界本身，也遍及了教育界和一般的社會界。他一生的足跡廣及歐洲的土耳其、南美洲的墨西哥、遠東的日本和中國，以及蘇俄。杜威脫離了一般哲人深奧冷峻的印象，給人一種親民樸質之感，因爲他所重視的是一種應用哲學，他所關切的是人的問題。杜威認爲哲學應從事文化的批評，哲學家應自詡爲文化的醫生，勇於診斷我們的文化哪裡生病了，眞正的藥方又在哪裡。

敏銳的讀者在閱讀《一九一九，日本與中國：杜威夫婦的遠東家書》時，可以試著去感受杜威在字裡行間所流露的淑世關懷，也可以試著去拼湊出他所看到的各種病兆。評論家曾形容杜威本人和他的作品皆透露出他過人的持平能力，指的是他可以在正反兩面中看出各自端倪，既不失偏頗，又能如實探究。正如在這些書信中，杜威對中日文化的見地，各有褒貶，或者說，褒中有貶，貶中亦有褒，讀者可以細心留意。還有，杜威對於人事物的見解會隨著事實與經驗的改變不斷調整，大至他對五四運動的評價，小至他對中國民族性的看法。我相信藉由杜威的哲學高度，讀者所看到的世界應該會比一般的旅遊札記更多出了一份知性的饗宴。

對今日的讀者而言，一百年的時空轉換，意味著我們能讀出更多內涵，我們可以套入自己的旅遊經驗與文化體驗，與杜威和杜威夫人做一番比較。姑且不論有所一致或不一致，我們可以想想，這一百多年來改變了什麼？什麼沒有改變？其實，我發現，杜威和杜威夫人也是一直忙著比較，比較他們的歐洲經驗和遠東經驗，比較美國家鄉和遠東文化的差異，比較日本和中國民族性的不同。相信這種多重比較的視野，能為閱讀帶來更豐富的意義和樂趣。以下先談談我自己作為此書讀者的經驗。

◎

距離上次閱讀杜威夫婦的遠東家書《Letters from China and Japan》，已將是十五年前的事了，那時我正好開始著手準備博士論文的研究，主題是杜威中國行的經歷和影響。我很想了解杜威在中國講學兩年經歷了什麼、反思了什麼？對他的意義和影響又是什麼？有趣的是，當時有人好心提醒我這個題目很難研究，建議我改題目，否則會畢不了業。還好，閱讀這些書信，給了我初步的信心繼續深究，也才有後來的研究成果，有興趣的讀者可以參考我的英文專書《John Dewey in China: To Teach and to Learn》（美國紐約大學出版社 SUNY，二〇〇七）。

如同我的專書書名所揭示，杜威在中國有兩個角色，一是教學者，二是學習者。書中兩個角色都有所著墨，但是，對於一個喜愛杜威的人而言，了解他如何在異地適應生活，如何與人互動，如何洞察周遭，如何詮釋所見，在在都讓我更認識杜威這個人，更貼近他的價值與理想，這是非常難能可貴的經驗。如今再讀，彷彿遇到了老友，讀來格外親切。

十五年前閱讀這些書信時，我是站在研究者的角度，戰戰兢兢地探尋與主題有關的線索，生怕錯過任何重要的訊息。但這一次，我將自己設定成一般讀者，抱持著自然輕鬆的態度，隨著杜威夫婦細膩的文字，進入他們筆下所描繪的異國旅程，彷彿隨著他們的步伐，一起走進了當時的日本劇院、餐館、民宅，體驗了一百年前的日本和中國各階層的人們是如何地生活；隨著他們時而逗趣幽默、時而嚴肅反諷的口吻，一起反思社會百態與文化差異。有了這次不一樣的閱讀經驗，我更加能明白當年這本書——也就是一九二〇年由杜威女兒編撰，由紐約的達頓出版社（E.P. DUTTON）出版的《Letters from China and Japan》——誕生的緣由。想想杜威和夫人每隔一段時間就捎回家鄉的家書，在親戚、家人和朋友之間如何地流傳、如何地受歡迎，就可以了解爲何杜威女兒當時決定要出版這些本來沒有打算要公開的私人信件。信函中所描述的東方世界既深入又有趣，與更多人分享也不失爲美事一件，畢竟獨樂樂不如眾樂樂。

◎

現在再讓大家認識這段歷史：關於杜威夫婦的遠東行，一場意外的豐收之旅。

一九一八年秋天，杜威從哥倫比亞大學那裡獲得休假，動身前往加州大學柏克萊分校授課。他和妻子愛麗絲心想，這樣可以在地理上更靠近亞洲，因此打算來年春天藉此去日本旅行。杜威也希望這樣的旅行對妻子有幫助，可以療治她先前因兒子在義大利旅程中意外夭折而帶來的長期抑鬱。杜威夫婦的日本朋友知道了杜威打算造訪日本的消息之後，就開始爲他們做了一些參訪規畫，包括在當時東京帝國大學的哲學系列講座。杜威夫婦於一九一九年二月間抵達了日本，逗留了約兩個月之久，之後他便受邀前往中國。

杜威在日本雖然備受禮遇，出席了各種重要場合，並和許多知名人士會面，但他的學說並沒有引起特別大的回響，反之，他在中國卻受到了空前的歡迎。如果說日本行是杜威夫婦早先規畫好的遠東旅程，那麼後來追加的中國行卻成了意外而美麗的插曲，由於插曲太過精彩，太過撼動人心，轉而變成遠東行的主調。

事情的來由是這樣的：當年胡適等人輾轉得知杜威夫婦在日本旅遊的消息時，便嘗試與他取得聯繫，並邀請他到中國訪學一年。收到邀請時，杜威頗爲驚喜。他覺得利用返美前的夏天造訪中國是個不錯的安排，只是他也不確定自己能待多久，畢竟哥倫比亞大學或許不會同意他請假一年。然而，這對杜威而言，是很有吸引力的一趟旅程，因爲他想要多認識東方社會和文化。不過，儘管杜威在前往中國前夕得知哥大的請假申請已經獲准，他在抵達前仍然沒有正式答應要在中國待上一年。他需要多一點評估，以便做出明智的決定。

這當然不是一個輕鬆的決定。對於中國，杜威畢竟了解得很少，不知道這樣的決定是否要承擔一些風險。在經濟上，杜威也有顧慮，他的生活一點也不寬裕。事實上，若不是因爲一位富人好友巴恩斯（Albert Coombs Barnes）的贊助，杜威無法支付去日本的旅程。巴恩斯答應支付杜威一個月的薪水，條件是要他撰寫一份報告，主題是日本在大戰後的國際關係中所扮演的角色。除了經濟方面的不放心，杜威也不知道他的中國弟子們會給他安排一些什麼樣的活動。儘管杜威對他的中國行有著種種複雜的感受，最後他想去探險的心還是大過擔憂。

然而，這份擔憂卻隨著他踏入中國時煙消雲散，因爲迎接他的除了是久違的學生，還有那震撼人心的五四運動。杜威和夫人初抵華不久即遇上了五四學生示威運動。杜威心想，中國這個帶有神祕色彩的古老文明，不是一向被西方人視爲被動而停滯不前嗎？爲何在北京街頭抗議的學生，竟然可以如此公開激烈地反對政府當局將山東割讓給日本的決策，甚至還能成功地說服商人們一起加入他們的行列抵制日貨？杜威一直關注著學生運動的變化與後續發展，他甚至希望這個運動能喚起人民的決心，透過和平的方式重新建立一個眞正有民意基礎的新政體。畢竟，杜威一直以來都相信：眞正的民意所匯集而成的一種思想與道德的力量，絕對勝過任何軍事強權的武力威嚇。

說眞的，五四運動究如是好客的中國人送給杜威的見面禮。如果不是五四運動激起的社會浪潮和求變的社會氛圍引發杜威探究的興趣，若不是因爲杜威正好在這精彩的歷史交會點上抵達中國，他或許待了兩、三個月遊山玩水一番之後，就決定打道回府，也不會答應在中國講學一年，甚至還願意再留第二年。杜威曾這麼說：「對一個外出漫遊、四處搜尋浪漫生動景致的人來說，中國看上去好似一幅令人掃興的圖畫。然而，要是用心靈的眼睛去觀察，那麼，它處處顯示出現在正上演著一部極富吸引力的大戲。」的確，

「五四中國」充滿著各種問題，但也意味著無限可能，的確是一齣相當引人入勝的劇碼。在五四中國這個舞臺上，杜威既是觀眾，也是演員，他盡量扮演好兩種角色，而杜威和夫人留下來的這些遠東家書，也讓我們有機會觀賞這齣難得的歷史劇碼。

值得一提的是，在這一齣五四大戲中，還有另一名重要的外國觀眾和演員，那就是英國哲學家羅素（Bertrand Russell）。羅素於一九二〇年受邀至中國講學，停留了九個月（其中幾個禮拜，因大病一場，必須停止所有活動），與杜威在中國打過照面，最後離開中國的時間點也和杜威夫婦相去不遠。羅素回到英國之後，儼然成了中國專家，隔年（一九二二年）就出版了《中國的問題》（*The Problem of China*）。其實，杜威也一樣有資格寫這樣一本書，他停留的時間更久，接觸的層面也很廣，他也接到了美國出版社的寫書邀請，但最後沒有答應。我想，這不是因爲杜威沒有能力寫，而是因爲他深知中國人的問題不是由一個外國人三兩下就可以講清楚、道明白的；杜威也曾表示過，他希望中國人的現況和問題，可以由中國人，以中國人的角度來寫。杜威看了羅素的《中國的問題》一書之後，提出了這樣的評論：他誇讚羅素寫得很清楚，但他認爲這樣的清晰度，對於一直動盪不安的中國而言，不免格格不入。講到這裡，不知讀者們是否也跟我一樣，覺得這齣五四大戲實在太精彩，不看可惜！

◎

在閱讀「遠東家書」時，讀者應該能察覺到，在日本的杜威和在中國的杜威，給人不同的感覺，在日本的他，比較像是旅者，讚嘆著日本人如此周到的禮貌，如此精緻的美食文化，如此乾淨的街道和如此一塵不染的地板，但也詫異著他們的英文是如此的有限。雖然偶爾也會看到杜威陷入哲思，例如流露出對自由主義者的同情，對日本軍國主義的批判，對於男性沙文主義的嘲諷，以及對於美國民主理想的擔憂，但整體而言，閱讀杜威和夫人的日本書信會令人放鬆心情，尤其看到杜威揭露自己一開始不熟悉跪坐，大剌剌地拿著椅子坐，到後來他們又寫到自己入境隨俗，願意跪坐兩小時，接受他人盛情款待吃飯，到起身時的笨拙和雙腳麻痺的樣子，實在令人莞爾。

反觀，在中國的杜威不只是個旅者，他更是個哲學家，因五四所拋出來的巨大難題，鎮日思索；他時而興奮，時而沮喪，時而又燃起希望，他毫無保留地將自己涉入其中，他投入的程度有多少，他的學習和成長就有多少。這些書信只記錄了杜威成長的一小部分。有興趣的讀者，可以參考杜威當時在中國爲《新共和》（*New Republic*）和《亞細亞》（*Asia*）兩本雜誌所寫的四十多篇報導（有收錄在杜威作品全集中），值得一提的是，當時知名的政治評論人李普曼（Walter Lippmann）還稱讚杜威的這些遠東報導是這一文類的最佳典範。

《一九一九，日本與中國》還有一個特色，就是其中有部分的信函是由杜威夫人愛麗絲所執筆的。當時很少女性，特別是在日本，能擁有像愛麗絲這樣的機會，出席大都只有男性才能參與的場所，看見多數男性看不到的角落風景，例如日本藝妓眼中獨特的悲傷。愛麗絲的眼光所關注的事物，應該與男性有所不同，這點對於現代讀者而言，也是彌足珍貴的，應該能引發高度興趣和共鳴。希望本書的讀者，不管是對歷史或對杜威有興趣，都能跟我一樣，從中發現許多樂趣和意義。

目錄

序

哥倫比亞大學哲學系教授約翰・杜威（John Dewey）和夫人愛麗絲・C・杜威（Alice C. Dewey）於一九一九年初離開美國，前往日本旅行；本書出版的信件即是出自杜威夫婦筆下。杜威夫婦迫不及待地踏上旅程，因為他們多年來一直渴望至少能看一眼東半球的景色。這趟旅行原本純屬休閒性質，但就在他們從舊金山出發前夕，杜威教授受邀（邀請以電報發出）到東京帝國大學講課，[1]之後也受邀到日本帝國各地演講。杜威夫婦三、四個月來在日本各地旅行參訪，度過非常愉快的時光，又因意外備受禮遇而倍感開心，於是到了五月，他們決定繼續旅程前往中國，在回美國以前，至少在中國待上幾週。

中國正身陷困局，掙扎成為統一獨立的民主政體，杜威夫婦對此深感興趣，因此改變了原本在一九一九年夏天返美的計畫。杜威教授向哥倫比亞大學申請一年休假，請假獲准，他和杜威夫人現在仍然留在中國。夫婦兩人皆四處演講、交流，致力將西方民主的幾分內涵帶給這個古老帝國，同時，兩人也十分享受這段經歷，一如信中所言，珍視這些時光，認為這趟旅程豐富了他們的人生。這些信件原是寫給他們身在美國的孩子，杜威夫婦從未想到家書有一天會付梓。

伊芙琳．杜威[2]

一九二〇年一月五日寫於紐約

1 東京帝國大學即今日的東京大學。當年為杜威安排帝國大學演講的人士，為小野英二郎、新渡戶稻造以及澀澤榮一男爵等人。（本書註解均為譯者與編輯所註。）

2 伊芙琳．杜威（Evelyn Dewey，一八八九－一九六五）是杜威夫婦的長女，本身也是美國教育家，社會運動者。她將父母一九一九年間所寫家書編輯整理出版（即為此書），也曾與父親合著《明日學校》（*Schools of Tomorrow*）。她與妹妹露西（Lucy）曾先後參與父母的遠東行，兩人也在中國演講、授課。

日本篇

（一九一九年二月至四月二十八日）

東京
二月
星期一[1]

如果你們想參觀盛大、泥濘的化妝舞會，那就看看今日的東京吧。我成天都被逗得樂不可支，可以說，如果我要忠實表達自己的感受，那我應該跑到屋頂上，坐著或站起身向世界上每一個人大喊：快來看表演！要不是因爲衣服的剪裁，我會以爲所有捐贈的舊衣都送錯了地方，不是去了比利時，[2]而是跑到日本來。不過，幾乎所有衣服的剪裁和質料都很奇怪。想像你們到閣樓翻箱倒櫃，翻出舊式的顏色、花樣，然後堆成顏色、花樣、尺寸各異的和服，配上一堆男士的帽子（全是你們前所未見的式樣），再加上泥濘不堪的街道——那大概八九不離十。人力車夫腿上穿著非常緊身的褲子，褲腳綁上綁腿，優雅大方。他們鎮日東奔西跑，穿過爛泥、積雪，身穿這些棉布製成的東西，汗流浹背，這身褲裝既非襪也非鞋，卻又兩者皆是，他們或站在路邊，或坐在臺階，等生意上門，儘管如此，他們還眞的能熬過一整天。我心中搖擺不定，既想坐進小小的人力車，又害怕語言不通，其中還混雜更巨大的恐懼，也就是讓人類同胞爲我拉車的痛苦。這群輕盈的嬌小男子，看看他們跑的路線，他們身上彷彿裝有鋼鐵彈簧，才能這樣邁步前進。不過，我還是只坐過汽車；這裡汽車其實不多。趣事接二連三帶來驚喜，讓我覺得好累。今天早上，一個男人從古玩店走出來。鞠躬。「不搞意思，夫人，您不是大威夫人嗎？[3]我認得您，是因為我在報紙上看過您的照片。要不要進來看看店裡許多古玩？我也很樂意把東西帶到飯店。您的房號多少，夫人？」鞠躬。「不必，請別把東西帶到我的房間，因為我常常外出。我改天會過來看看。」「謝謝您，夫人，請務必光臨，夫人，我們有許多精緻的古玩。」鞠躬。「日安，夫人。」

街道的景色就跟衣服一樣，都是舊時代的遺物。當然，東京已是日本的現代城市，等輪到古老城市上場時，我們就更要當心了。我希望讓你們大概知道窮人的樣子：這裡大概到十三歲大的孩子，看起來一次都沒有擦過鼻子；這個形象（比在義大利更令人印象深刻）再加上幾件和服，和服層層疊疊，由棉、毛製成，顏色鮮豔，飾著花樣，最上面那件是奇怪的褐色格紋，衣服皺在一起又太大件，因此被綁在腰上；外面這件衣服裡揹著一個嬰兒，小嬰兒頭上留著黑髮瀏海，或者還留著胎毛，探出頭來，鼻子從來還沒有碰過手帕；揹嬰兒的人若年紀較小的，鼻子的狀況也會一樣——我四處走走，同時心中尖叫連連，這比史上任何戲劇都更精彩刺激。雖然我們住的地方是多數外國人活動之地，但我們在本地人眼中跟他們在我們眼中一樣稀奇。然後，比這一切都嚴重的是，我們完全無法讓司機明白我們要去哪裡，就算我們是猴子，情況也不會更糟了。街上完全找不到路名，除了寥寥無幾的英文標誌外，我們完全看不懂路標；街道向四面八方蜿蜒而去，長長短短兜著圈子，還有一條大運河盤旋在城市裡我們所處的這一帶，我們好像每隔幾分鐘就會過河，每次過河，我們都覺得跟上次過河走的方向一樣。大概在我們找路找成這樣的時候，你們的爸爸走向一個年輕人——年輕人身穿阿爾斯特長大衣，[4] 披著披肩，戴頂呢帽，像是寬簷紳士帽，[5] 只是矮了幾吋——然後向他說「Tei-ko-ku Hotel」，[6] 如果發音標準，意思就是帝國飯店；青年轉過身來，說：「你們想要帝果飯顛嗎？」我們說「對」（當然啦）；然後年輕人說：「計——又——是其——言——面著那棟大房子。」[7]因此我們又再跋涉一段路（周圍穿木屐的行人直盯著我們的腳看），然後終於走到這間舊穀倉似的地方，而我們付的房租跟第五大道的飯店一樣昂貴，他們提供清湯當晚餐。就跟那些老式法國旅館一樣，他們對提供給你的東西斤斤計較，飯店老闆是個異常引人注目的彈跳小丑，隨時都會從盒子裡向你跳出來，每次你經過大廳都向你鞠躬，不管你走到這裡、走到那裡都是。一切都滑稽得不得了。商店跟我們家裡的臥室差不多大，空間足以讓你踏進店門，脫下鞋子，然後再登入店內，走在榻榻米上。除了外國書店，我們完全無法光顧其他店，因爲我們太髒了，而且就算想脫鞋穿長絲襪進去，也沒時間慢慢拆鞋帶。開始逛街之前，我們應該先弄幾雙條紋短襪來。我一心一意想試穿木屐。

1本信出自愛麗絲・杜威筆下。杜威夫婦於一九一九年二月九日抵達日本，相關新聞隔日見於各大報，此信書寫的時間點可能是一九一九年二月十日星期一。信件作者由譯編團隊參考內容與 InteLex Corporation 線上資料庫之「約翰・杜威書信集」（The Correspondence of John Dewey）等相關資料推斷，以便讀者閱讀。

2 此處提及比利時，可能是因爲第一次世界大戰期間，比利時與法國北部遭到德意志帝國佔領，食物、衣物短缺，以美國爲首的各國組成比利時救濟會（Commission for Relief in Belgium），爲上述佔領區募集物資。

3 原文爲「Exguse me, madame, is this not Mrs. Daway?」此處作者諧擬對方的英文口音。

4 阿爾斯特大衣（ulster）是發源自愛爾蘭阿爾斯特（Ulster）流行於英國維多利亞時期的長大衣，特色爲可及小腿肚甚至腳踝的衣襬，以及西裝領、腰帶、雙排釦，一些變形款式也附長及手肘的披肩。該時期許多小說都曾提及這種大衣，柯南・道爾筆下的名偵探福爾摩斯便曾穿過。

5 寬簷紳士帽（fedora hat）爲帽冠有凹陷的紳士帽帽款，又譯作「費多拉帽」。

6 Tei-ko-ku 即「帝國」的日文發音。

7 原文爲「Do you want ze Imperialee Hoter?」（即「Do you want the Imperial Hotel?」）與「Eet is ze beeg building down zere」（即「It is the big building down there」，就是前面的那棟大房子）。此處作者諧擬對方的英文口音，如：「i」的音會拉長爲「ee」，「th」音發成「z」。

二月十一日 星期二（東京）[1]

今天是個節日，[2]放假，因此我們無法上銀行，但可以參加一場會議，會議預計討論的主題大致圍繞著普遍選舉權和民主化。據說天皇[3]身體欠安，因此不克參加慶典。天皇的疾病就跟與之相關的種種一樣，都出自高層大人物的安排，我們推測應是如此。

我們經歷太多有趣的事、看到太多有意思的景象，已經多到很難來得及一一寫下來。昨天早上，我們外出散步，下午被帶出去乘車遊覽，因此有了浮泛的第一印象。我們去看了大學和將軍墓所在的公園，[4]那些墓塚相當漂亮，光是坐在車子裡就看得出來。明天我們大概會有機會去博物館。整排石燈籠令人嘆為觀止，超越我想像可及的任何事物；上百座的石燈籠一定為它們點亮的黑夜帶來一片壯觀幽幻的奇景。

要說日本人對自己的歷史不感興趣，恐怕不完全正確。至少受教育者抱有興趣，其他國家也都是如此。一位朋友告訴我們日本對茶道重拾興趣。他要幫我們安排參加一場茶會，他沒有提到地點，但茶會將搭配盛大的晚宴，展現新貴階層的富麗堂皇以及舊式日本品味，就他給我們的印象看來是如此。他向我們提到一只茶會用的古董中國茶杯，一位百萬富翁最近花了十六萬日圓買下來，相當於八萬美元。他說收藏家有多套收藏，每套往往要價百萬。他提到的這只茶碗由黑瓷製成，配上顏色亮麗的裝飾。他也提到現在中國栽種的一種茶，種植方法是把茶樹的枝條嫁接到檸檬樹上；這種茶他有一些，是從中國大使那裡收到的禮物。希望我們有機會一嘗這茶的滋味。

來談談我們這間飯店，我想你們會有興趣認識認識管理這棟房子的經理，他剛歸國，先前待過華爾道夫飯店[5]和倫敦，在當地學習做事——學著待人接物。他們報給爸爸的匯率似乎反映了開發狀況，而且他們還打算大興土木呢。這裡就是全日本**唯一一間**一流飯店。現在飯店裡大概只有六十間房間，或是略多於此數。

整體而言，事情進展得很順利。我在這裡的講課到四月一號應該會告一段落，屆時**正適合**開始旅行。沒想到冬天過來相當不錯，因爲天氣雖然不到宜人，但遠遠說不上天寒地凍，不過，眞難理解這些棕櫚樹怎麼能生長在雪地裡。日本似乎發展出奇妙的亞熱帶植被，能夠抵禦冰封和寒冬。可以想見我們之後會非常忙碌，接下來的幾週，你們媽媽會比我更有時間隨意觀光。一切都迷人得無法言喻；基本上當然像書本、照片所述，但無論什麼樣的再現都難以讓人眞的做好面對實際場景的心理準備：眼前所見不只貨眞價實，規模又如此龐大——不再只是東一點、西一點的標本。

1 本篇由杜威夫婦的兩封信合併而成，最後一段由約翰·杜威所寫，其餘出自愛麗絲·杜威筆下。

2 這天是「紀元節」，即慶祝日本建國的節日，日期是由《日本書紀》等神話典籍中神武天皇即位之日推定，由一八七三年起訂於二月十一日慶祝。一九四八年，此節日因二戰後設置的駐日盟軍總司令部干涉而廢止；一九六六年恢復，更名爲「建國紀念日」。

3 杜威訪日時的天皇爲大正天皇（一八七九－一九二六）。

4 此公園應是鄰近東京帝國大學的上野公園，園內有祭祀德川家康的神社東照宮，以及德川家廟寬永寺。江戶幕府時期，主政的德川家建立了寬永寺，德川幕府的十五位大將軍有六位安葬於此。寺院一度爲興盛的宗教中心，後遭戰爭破壞成爲廢墟，一八七三年日本政府在此建立了全國第一座公園，即上野公園。

5 華爾道夫飯店（Waldorf Hotel）是一八九三年創立於美國紐約的高級飯店，原位於第五大道，李鴻章等外國政要都曾於此短居，之後與鄰近的阿斯托里亞飯店（Astoria Hotel）合併經營，改名為華爾道夫—阿斯托里亞飯店，一九二九年因建設帝國大廈而拆除搬遷，一九四九年由希爾頓集團購入旗下。

東京

二月十三日

星期四[1]

我們今天第一次獨立購物，沒讓人作陪。這裡講英文的量跟質讓我一直無法從驚訝的心情中平復；在這間商家購物，這間大型百貨公司，跟在家鄉一樣容易——考慮到受到的關注和舒適程度，甚至比在家鄉更容易。他們給我們小小的套子，鞋套，讓我們套在鞋子上。想想要是用在芝加哥泥濘的天氣裡，會有多大的幫助啊。

今天下午是某種暴風雨過後的短暫寧靜，這場社交盛宴、熱情待客的暴風雨昨天暫時達到高峰。讓我說說流水帳。我們早餐還沒吃完——目前爲止，我們每天早上都是八點吃早餐——大家就開始登門造訪。之後，兩位紳士開車載我們到大學，於是我們再次拜訪校長。校長是老派的紳士，我猜是位儒家文人，你們媽媽對自己被帶進去一同拜訪——而非留在車上——相當開心；不過，我覺得校長見到你們媽媽來訪，似乎比我的拜訪更讓他感到高興、受到禮遇。接下來，我們被帶到前面提到的百貨公司。很多人在這裡採買一切所需，因爲商品定價清楚（而且如果發現同樣的東西在其他地方售價更低廉，還可以拿到獎金），加上誠信可靠，品質絕對有保證。他們也說這是能輕鬆走訪日本的方式，可以簡單了解衣物、裝飾、玩具等等，也能看看當地人，因爲日本人會從全國各地來這裡觀光。百貨裡有群鄉下人，他們被叫作「紅毛毯」（不是青澀生手），[2]因爲他們冬天不穿大衣，而會穿起睡覺蓋的紅色毛毯，把毛毯用繩子繫上。晚上隨手就能使用。

店家已經開始展示女兒節的用品，雖然女兒節要三月初才到——女兒節就是桃節；他們展示的節慶人偶——身穿傳統服飾的天皇、皇后、僕人、宮女——很有意思，也很精美。日本人運用人偶的方式確實是我們想像不到的。然後我們在百貨公司吃午餐，是普通的日式午餐，非常美味，我用筷子吃完了。午飯後，他們帶我們回飯店，兩點鐘，一位朋友來帶我前往拜訪澀澤男爵[3]——我想即使是像你們這麼無知的外國人也都知道他是誰，不過你們可能不知道他已高齡八十三歲，皮膚跟嬰兒一樣，舉手投足皆展現出飽滿精神，他過去兩三年來不再過問企業經營，全心投入慈善和人道主義活動。他做的事顯然沒有多少美國百萬富翁做得到：澀澤男爵的興趣兼具學養和道德，不是單純捐款而已。他花了大概半小時（或許更久些）向我們說明他的人生觀（他是純粹的儒者，絕非任何宗教的信徒），他想達成的目標，尤其是他想做的事絕非單純的救濟。他希望保留傳統儒家標準，只因應現在的經濟條件做些調整；或許你們也知道，這本質上是一種封建經濟關係的道德觀，澀澤男爵認爲，可以讓現代工廠老闆對員工採取舊式的家父長式關懷態度，就此先一步阻止階級鬥爭。美國的激進派想必會對此不以爲然，日本當地的激進派也不遑多讓，他們一樣對這種想法嗤之以鼻，不過就我個人而言，如果他可以批判馬克思主義的社會演化論，帶來同屬社會演化的另一種可能，那麼我還眞不懂他要花自己的錢嘗試看看又有何不可。根據各方報導，日本目前還幾乎沒有勞資問題，但戰爭創造的大筆財富和日益壯大的工人階層已經開始改變情況，據說是如此。這裡至今還未正式允許工會成立，但政府已經宣布，雖然不鼓勵組工會，但也不會再禁止工會設立。

但我應該回歸正題了。另一位朋友日前邀我們一起去劇場，帝國劇場，裡頭有歐式座椅，建築優美又寬敞，跟任何首都看得到的劇場一樣漂亮，但不像紐約的那麼過度裝飾。節目四點開演，中場有大約半小時休息時間可以用晚餐，然後繼續演到晚上十點；一般的日式劇場早上十一點開演，一路演到晚上十點，你可以點東西來吃；此外，日式劇場沒有座椅，你必須席地跪坐。嚴格說來，這些戲劇沒有一齣是傳統戲劇，不過目前爲止最有趣的一齣是經典改編——情節大致圍繞一匹忠實的馬，人物則是幾世紀前的鄉下農夫。最無趣的劇碼是某種問題劇[4]——大都是現代的那類哲學論述——表達自我的權利、追求藝術生涯的權利，還有毫無戲劇張力的格言金句，即使在日本觀眾眼中也一樣無趣。日本人確實擁有敏銳的才智——幾乎和巴黎人一樣專業，因爲這群專心的觀眾顯然是一般人，相較之下，沒有美國觀眾會願意像他們如此專注於這種演出：戲劇的表演技巧非常純熟（嚴格說來雖還不算藝術的等級），其精華是掌握了道德情感的鋪陳發揮，而非譁眾取寵的誇張表演。不過，以古老傳說故事爲藍本的經典劇碼就比較有戲劇張力、比較聳動。日本人也說老劇場的演員比半歐式的劇場好得多，我猜後者有政府資助。帝國劇場的前排座位票價是一塊半；全天劇場的前排座位位置較多（不過是席地而坐）。即使是在帝國劇場，日本人也還沒有引進鼓掌致意，雖然幕落下時有一兩次稀疏的拍手聲。日本一直都有旋轉劇場，是一種換景的方式，運作方式顯然就像鐵路的調車轉盤。嗯，昨天在此告一段落。只不過我們昨晚原本還邀了兩位紳士共進晚餐，我們跟朋友提起這件事時，他們說：「喔，打個電話請他們改天再來就好。」這似乎是良好的日式禮儀，就像全天中任何時刻皆可登門造訪一樣，因此我們打了電話。但可惜的是，他們今天也不得不打電話來說今晚無法前來。

今天相較之下平靜許多，只有四位日本訪客和兩位美國訪客。

其中的兩位日本人，有一位女士是女子大學的舍監，另一位則是女子大學的老師，是出身富裕貴族家庭的年輕女子，據我推斷，對她的家庭而言，她恐怕太過現代了。孩子們，我希望你們幾個以後每次碰到日本人都要鞠躬，問問他有沒有什麼可以效勞的地方。往後的人生，我應該都要努力報答幾分在此蒙受的厚意和周延招待。

恐怕大部分事情都是我寫起來有趣，你們讀起來則未必，更何況親身經歷總比你們讀著有趣得多。不過，你們可以幫我們把信收好，等到我們老了、結束漫遊返家、希望重拾往日回憶時再重新讀讀信，回想當時大家多麼和善，讓我們幻想自己眞的是一號人物，也讓我們得到雙重的快樂：既感賓至如歸，卻又身處這個陌生而近乎魔幻的國度；在我們眼中近乎魔幻。至於普羅大眾，我們只能佩服他們的樂天，同時意會這眞是個既古老又太過擁擠的國家，明白佛教以及逆來順受、聽天由命的樂天精神何以在此發展。你們絕對不要自欺，誤以爲日本是個新國家；有人說你一定要去中國、印度才能見識到古文明，我再也不相信這種說法。表面看來或許如此，根本上卻不是。如果一個國家看待生死猶如樹上的葉生葉落，個人的重要性就和樹葉相當，那麼這就是古老的國家。舊世界和新世界不只是相對而論；兩者幾乎就和任何事物一樣絕對。

我們聽到外頭傳來哨音，媽媽以爲是銀行的信差，所以我按了鈴，讓旅館小弟把他帶進來——沒想到，唉呀，可沒這麼浪漫，那哨聲是賣通心麵的小販在叫賣。

1本信出自約翰·杜威筆下。

2「紅毛毯」，原文爲「red blanket」，譯自日文的「赤ゲット」（aka getto），「赤」是紅色之意，「ケット」爲「ブランケット」（即 blanket）的縮略語。明治（一八六八—一九一二）初年，自英國輸入的紅色毛布由軍隊普及至民間，被當成外套穿，鄉下人到城市常常身穿紅毛毯，紅毛毯因而成爲「鄉下人」、「鄉巴佬」的代稱。「青澀生手」原文爲「greenhorn」，杜威在此刻意寫出此字，形成顏色上的對比。

3澀澤榮一（一八四〇—一九三一），以官僚、實業家、慈善家等身分活躍於幕末至大正初期，提倡道德經濟合一主義。澀澤榮一創立了第一國立銀行、東京證券交易所等企業，被譽爲近代日本資本主義之父。他贊助了杜威夫婦旅居日本的費用。

4問題劇（problem play），探討爭議性的社會議題，劇中人物代表相互衝突的立場，透過人物之間的辯論和困境，引導觀眾思考嚴肅的社會議題。

東京

二月[1]

我們來到這裡了，上陸後一星期，來到山坡上種植樹木的美麗庭園，樹木枝椏上已經含苞待放。梅花不久就會綻開，三月山茶花開，山茶花長在相當高大的樹上。遠方可以眺望壯麗的富士山，眼前則是這一帶的其他山丘，更遠一點是城市的平原。一條運河緊臨我們的山腳下，沿著河邊有條櫻花小徑，原本頗負盛名，但幾年前一場暴風雨摧折了大部分的櫻花樹。

有一棟漂亮的寓所歸我們使用，牆上滿滿裝了窗，這棟屋子裝的是玻璃窗。臥室非常寬敞，有間小小的更衣室，還有一間書房，我現在就坐在書房裡，陽光從四面的窗戶灑落。我們需要陽光——儘管火爐[2]（炭火箱）妙用多多，可以暖腳、烘乾頭髮，像我現在就正在用。我們被探討日本的成堆書籍包圍，全是現代研究的產物，因此我們一刻也閒不下來。房子非常寬敞，屋子一間連著一間，布滿整個山頂，彼此之間由長廊相連，長廊在每間房的兩側暫歇，整體連綿一線。我眞該試著拍張照。房子的最末端是X先生[3]

的圖書室，由數間房間構成，圖書室的最外側是茶室，舉行茶會之地。我們的主人不是新貴階層，不會爲了舉辦茶會而砸下百萬重金購買整套茶具。他對這種做法不以爲然。不過，茶室裡有張金漆茶几，彷彿凝結的陽光，也有其他古董家具，現在件件都是無價之寶，在家族裡代代相傳。看看我們怎麼吃早餐，你們應該會覺得很好玩，早餐由阿悌[4]（阿悌是派給我們的侍女）在陽光室侍候我們用餐。一開始先吃水果。兩張小小的漆面茶几可以隨意擺在我們想坐的地方。這棟屋子裡的碗盤和服務方式合我們的習慣。餐具有精緻的古董中國廣彩青花瓷盤，其他則是日式風格餐具。吃完水果之後，她用火爐裡的炭火烤吐司，兩根細長的鐵棒叉進麵包裡，把麵包固定住。她把吐司就這樣叉著遞給我們。她同時一邊教我們日文，我們教她英文，我們教的她早就都會了，我們每次說話，她都會輕聲地笑。喔，我們把吐司放在盤子上，阿悌就不見人影了。咖啡壺放在邊桌上，我們努力要找到杯子來用，又有點擔心破壞了規矩。沒有杯子，阿悌忘了。過了一會，她拿著杯子再度現身，我們喝到咖啡，然後她又下去，用精緻的古董青花瓷盤端來炒蛋。阿悌又是一陣輕笑，然後用我們前所未聞的輕柔嗓音開口說話，一邊把叉在鐵叉上熱呼呼的美味吐司遞給我們；我告訴她吐司掉到地上也沒關係的，地板太乾淨了，因此她樂呵呵地輕笑起來，然後走出房間，到大臥室把咖啡從瓦斯暖爐那拿過來。一切就像美妙的演出，完全不受關於效率、省時省力機器的任何一絲念頭侵擾。接著，兩位侍女來爲我們整理床鋪，然後清掃地板，一人斜斜抬起沙發，另一人掃除底下的灰塵，她們微笑、鞠躬，對我們的一舉一動關心不已，彷彿我們是她們的摯友。

現在管家登場，她不停鞠躬，緩——慢——無——比——地聲明她希望能陪我在城裡逛逛，向我導覽說明，這樣可以跟我學習英文。我問她她要上教會嗎，她說她不是基督徒。想想這聽起來多好笑。她是X先生的祕書，也是新成立的基督教大學[5]（由X先生擔任校長）的學生。現在她進來侍候我們吃早餐，她待在旁邊，重複我們說的英語。她懂的英文很多，但太過文謅謅了，因此我要把她說話的方式變得像日常對話那樣，非常好玩。我花最多力氣的地方，是讓她張開嘴巴，打破禮貌的日式輕聲細語（這是日本女士說話的方式）。昨天我們參觀了女子大學，從這棟房子步行就能抵達。校長成瀨先生[6]因癌症而生命垂危。他臥病在床，但還能相當自然地談話。他向學生發表了告別演說，在演講中向教員道別，指定學監（學監現在正代理他的職務）成爲他的繼任者。女子大學教授花道、劍道、日式禮儀，總舍監是位出色的女性。她歡迎我隨時過來，看看這些不一樣的東西。

下午我們又有訪客，其中有兩位女士。女性訪客很稀有。其中一位是R醫師，她是整骨醫生，已在此地執業十五年，是我們主人的老朋友。另一位T小姐剛從我們的故鄉歸國，結束七年的旅美生涯。[7]又我在史丹佛常常聽說她的事蹟，也帶了信給她。她在女子大學有一席教職，負責教授社會學，但她說長官恐怕現在還不適合讓她開始教社會學，因此她會從英文教起，在課堂上灌輸社會學，藉此慢慢教授社會學。她是個很有意思的人。她被派來拜訪我，說因爲你們的爸爸不在，我可能會很孤單，所以她要來帶我去看戲，我若想帶其他朋友也歡迎。我們已經去過帝國劇場，還坐在男爵的包廂裡，因此這次終於要安排我去看歌舞伎了，我們會席地而坐，欣賞眞正古老的日式表演，我非常渴望能一睹風采。我知道演出早上十一點開始，一直演到晚上十點。

1本信出自愛麗絲．杜威筆下。日期推測爲二月十六日。

2原文爲「hibashi」，應是指日文的「火鉢（hibachi）」，是以陶瓷、金屬、木材等製成的燒炭火爐，可以當作暖氣，也可以用來煮水。

3X先生即新渡戸稻造（一八六二—一九三三），日本農學家、政治家、教育家，東京女子大學第一任校長，曾任臺灣總督府殖產局長，被譽爲「臺灣糖業之父」。他與杜威一家是舊識。

4原文爲「O-Tei」，漢字「悌」爲譯者選取之同音漢字。

5即東京女子大學。

6成瀨仁藏（一八五八—一九一九），日本女子大學的創立者。其繼任者爲麻生正藏，時任協助校長管理校務的學監。

7應是澀澤榮一外甥女高梨孝子，她留美期間曾於史丹佛大學求學，也曾在芝加哥大學修習社會學，後來與師從杜威的日本哲學家田中王堂結爲夫妻。

二月二十二日[1]

昨天我們去了劇場，一點開始，大約九點結束；包廂裡茶水不斷，換幕時還有簡單的餐食——加上一頓大餐。比起多少算是現代化的劇場，我們更喜歡傳統日式劇場。澀澤男爵幫我們訂了一個包廂——或者該說兩個包廂——他的外甥女、另一個親戚，還有家族裡兩個年輕人也一起看戲。我不想花力氣描述劇目，我只能說：如果想要學習日本歷史和傳統，最好的方法就是帶著幫忙翻譯的人上劇場，雖然劇場跟中世紀歐洲劇場一樣簡樸，卻更襯托出服裝的精緻昂貴。臺上有四十名傳統武士登場時，場面眞是華美，因爲戲服件件貨眞價實，不是虛有其表的便宜貨。媽媽比我待得更久，因爲我四點半必須離開，過去歸一協會[2]那邊——事實上，我一開始根本不打算去看戲；男爵說他爲我們預訂劇場包廂，是怕我不在的時候，媽媽可能會孤單無聊！共有大約二十五位日本人和美國人參加歸一協會的會議，我演講了大約半小時，接著大家到隔壁餐廳吃晚餐，然後閒坐聊天大概一小時左右。

除了昨天看戲之外，本週最盛大的活動就是參觀女子大學——你們可能不覺得這是多了不起的招待，但你們不知道我們到底見識到什麼。我們早起走過去，因爲距離不遠，而且我們之前被帶過一次路，但我們不停好奇探看沿路店家，因此沒注意自己走到哪裡，一路走到了底，結果必須掉頭往回走，因此遲到了。上午我們待在小學班上和幼稚園，是他們的實習學校。你們看到的顏色極其亮麗的孩童和服都是眞的——每個孩子都穿這種和服，顏色越亮眼越討喜，大部分是紅色，還有一些其他顏色。因此，有小孩子在的房間就像是有明亮鳥兒點綴的花園——開心無比。孩子的作品都很有趣，不過彩色蠟筆畫特別有意思。畫面洋溢自由表現，孩子絕不是在模仿他人、絲毫不表現個體性——這麼說似乎恰如其分；我從來沒看過圖畫或其他手工作品變化這麼豐富、雷同處寥寥可數，何況品質遠遠超過我們的平均。不見孩子受管教，但他們卻又乖巧又開心；他們對訪客毫不在意，我認爲這點非常現代，因爲我原本以爲會看到他們全體起立敬禮。你們如果想想一般的學校課業——

在這所學校還包括許多勞作、畫圖等功課——而且讀完六年級以前要學會一千多個漢字，不只會讀，也要會寫，你們大概就想像得到這些孩子必須多用功，而且孩子們當然也得學會日文文字。接著是午餐時間，我們一行共十人，由家政系女學生爲我們烹調服務；午餐眞是美味！——而且擺盤簡直比麗池飯店技高一籌——歐式食物、歐式服務。重頭戲接下來才要登場。我們先欣賞花道，有傳統風格，也有現代風格，接著他們示範如何以古代禮儀奉上茶、點心給客人，還有晚輩如何拜會長輩；接下來是箏的演奏——你們可以把這種樂器想成平放在地上的十三弦豎琴——首先由兩位女學生和老師合奏，之後由老師獨奏。老師是盲人，據說是日本第一把交椅；老師演奏〈清溪浣紗〉，他說自己很少彈這首曲子，一年只彈一次。[3]嗯，你可以聽見漣漪蕩漾、瀑布水聲，聽見溪流沖過石頭，女人邊唱歌、邊擣衣。我在曲子中聽見春意，比起從我們的音樂裡聽得更明白，我想，或許我的耳朵生來適合日本樂音，又或是缺了日本樂音所以反而聽得見春意。之後我們被帶到茶室，看他們示範茶會，爲我們送上茶。媽媽坐在榻榻米上，正式的跪坐，我則不入流的坐椅子。我們接著到體育館去，參觀傳統女武士的劍術、長矛練習等等。老師是七十五歲的年長女性，跟貓一樣靈活輕盈——比任何一個女學生都更優雅。我現在對被視爲體育文化的舊禮儀、舊儀式充滿敬意。一招一式都必須臻於完美，沒有精巧的控制絕對做不到。和這些儀式相比，孩子們做的現代化體育運動簡直令人可憐。之後我們被帶到宿舍，宿舍在庭園裡，是簡樸的木造日式建築，我們的女孩子大概會覺得像穀倉，但東西樣樣一塵不染，你們可以坐在隨便哪裡的地上吃飯，屋子南面完全是玻璃和陽光，女學生坐在地上，就著高約一呎半的桌子念書；不需要床和椅子爲房間平添雜亂。我們被帶到其他房間看看，然後回到餐廳，享用精緻無比的日式佛教素食午餐——只是淺嘗一點而已，所有食物都盛在一個小小的盤子上，不過還包括當作點心的甜品，一共有五、六樣截然不同、精烹細調的料理。另外還品了三款茶。

這裡人人文明多禮，等我們回到家，要不是我們太文明，以至於你們認不出來，就是我們太氣其他人都不夠文明，以至於你們一樣認不出來。X先生讓我坐他的車回來。一進大廳就有五位侍女對我們鞠躬、微笑，拿拖鞋給我們，幫我們掛衣帽。光是進門或出門就像是去野餐一樣；我覺得侍女喜歡這種例行工作中的變化，因爲她們的微笑發自眞心，彷彿非常享受這段時光。如果這只是敷衍假裝，那她們騙過我了。

好吧，這次旅行我放過你們幾個孩子，不用思考任何哲理。加上我也忙著享受這段時光，想不出任何哲理來。或許反思會在中國自然而然地浮現。我忘記上封信裡是不是跟你們說過，內務大臣給了我一張日本鐵道一等車廂的月票，效期可以重複更新。這裡的一位朋友向他幫媽媽也要一張月票，但他說非常抱歉，特權不能擴大到女性身上。所以我是家裡唯一的貪汙分子。我還沒有機會使用，但我會盡快製造機會，好體驗這裡的五光十色。

1本信出自約翰・杜威筆下。

2歸一協會（Concordia Society），由澀澤榮一、成瀨仁藏等人於一九一二年成立，旨在研究不同的宗教、道德觀等等，爲異宗教、異人種、異國民之間找出調和一致之道，避免戰爭，會員多是當時傑出的學者、實業家、宗教家；協會於一九四二年解散。澀澤榮一致力推動美日交流，除歸一協會外，也贊助設立東京帝國大學的「美國研究講座」，講座教席與協會會員多有重疊。故杜威受到美國研究講座的邀請，和歸一協會關係密切。

3較符合此敘述的音樂家爲宮城道雄（一八九四—一九五六），他七歲失明，八歲開始學習箏樂，是日本知名的作曲家、箏樂大師，也是十七弦箏的發明人，代表作有〈春之海〉（一九二九）等樂曲。文中提及的樂曲，杜威將曲名譯作〈Cotton Bleaching in the Brook〉，題材較近似者爲宮城道雄一九一四年在朝鮮時創作的〈唐砧〉，不過該曲爲箏與三味線的合奏曲。

東京
二月二十八日
星期五[1]

我沒有好好觀光，只有沿路看看街上風光。散步運動的時候，通常都有人陪我，每次都帶我走不同的路。前幾天晚上，我們吃完晚餐後出門散步，走到附近一條熱鬧的街道——書攤把商品都擺到人行道，或者該說是馬路上，街上有小小的餐車，人潮洶湧，商店林立——到處都接了電，幾位藝妓快步走過，身旁跟著幫她們拿三味線的侍女。我們一路上對每樣東西都好奇張望，還看了場日本電影，然後進了一間日式餐廳。日本的餐廳間間都是專賣店——這家是麵店，我們點了三種麵：小麥麵煮的湯麵、炸蝦蕎麥麵、海藻涼麵。我們兩個人吃了這麼多東西，一共花二十七美分，餐廳是普通的小吃店，比美國任何一間餐廳都乾淨，甚至也比美國一流的餐廳乾淨。電影情節似乎比我們的電影複雜，節奏則肯定更慢，因爲布幕附近的狹小空間裡有一男一女，只要演員一張嘴，他們就把演員的臺詞說出來，這自然讓他們有機會加油添醋。電影裡有幾場打鬥、一樁謀殺案，有壞蛋和受脅迫的少女，一場自殺未遂增添緊張刺激，不過，儘管有嚮導在一旁幫忙解釋，我還是看不太懂到底在演什麼。以上是這裡的簡單娛樂，除此之外，我們白天散步時通常都到寺廟去，大體來說，廟裡的人比廟本身更有意思，不過有時候樹木錯落有致，可以帶來富宗教感的平靜效果，跟教堂一樣。

這裡的參拜儀式整體上非常類似義大利鄉間的天主教，這點最令人驚訝。日本的參拜儀式相較之下更稚氣一點——看到孩童守護神神社裡的人偶、毛茸茸的狗、風車，還有草履、草鞋，偶爾還有孩童的和服，相當讓人感動，有時會有母親剪下頭髮，釘上去當供品。這些地方有多讓人傷感，其他地方就有多讓人好笑，像是把寫下來的祈願揉成紙團黏到神像身上。有些神像現在被用鐵絲網保護，就是這個緣故。我現在已經相當習慣街景，可以分辨多數商店的種類，例如我分得清楚棺材店和木桶店。街道之所以這麼有趣，是因為你可以四處看看，看見各色活動精彩紛呈。我忘了提到我看過最有趣的街頭景象：捕鳥人拿著塗上黏鳥膠的長竿（就像竹釣竿）、有活門的籠子用來關鳥，還有一些別的工具。不過，我沒看他抓到鳥。

1推測本信出自愛麗絲・杜威筆下。

三月二日
星期日早上[1]

我一早寫信，是因爲我們今天要去鎌倉。你們可能聽過青銅大佛——五十呎高——嗯，這尊大佛就在鎌倉。[2]有朋友幫我們安排好一場會晤，和日本最傑出（或者該說最博學）的佛家僧人會面——他隸屬佛教各宗派裡最哲學的一派：禪宗，禪宗信奉簡樸的生活，或多或少類似斯多葛學派；禪宗在過去的時代對武士階級影響深遠。鎌倉在橫濱的另一邊，是古代將軍幕府所在，有很多歷史悠久的神社等等。

昨天我第一次透過口譯演講，[3]聽眾是某個教師協會，一共五百人左右，大部分是小學老師，特別引起我注意的是，其中大約只有二十五位女士。晚上我們參加英語研究會的晚宴歡迎會，會員有美國人、日本人，後者佔多數；有男有女，是我們目前所見整體上最樂於社交的一群人。我們聽說全東京唯有在這裡，日本男士和女士聚會時會眞正自在的交際相處，會長說日本人爲社交而聚會時既保守又死板——至少在黃湯下肚之前——只要他們說日語就是這樣，但說英語會把他們在美國養成的習慣帶回來，卸下他們的拘束——眞是針對語言影響的有趣心理學觀察。

1本信出自約翰．杜威筆下。

2即淨土宗寺院鎌倉高德院的銅造阿彌陀如來像，連同臺座的高度約爲十三點三五公尺，略矮於信中描述的五十呎（十五點二四公尺）。

3杜威在帝國大學的演講未配有口譯人員，故他說這是自己第一次在有口譯的狀況下演說。

東京 三月四日 星期二[1]

這個國家始終遠離種種裝模作樣，你們看到一定會訝異不已，至少我們目前所見是如此。這裡有我們不熟識的某種社會民主主義。現在全日本都在討論民主，這裡所謂的民主不是指要推翻現在的政府制度，應該理解成代議制政府。現在日本選舉的代表性似乎約略只涵蓋主力納稅者，涵蓋範圍或許略廣於此（但恐怕連「略廣於此」也說不上），而主力納稅者不論身處何種體制，都會是左右政策制定的力量。擴大投票權是大家現今熱烈討論的重大議題。擴大投票權還有擴大男性的特殊教育是立法者接下來面臨的轉捩點。日本在戰爭期間新誕生許多百萬富翁，這些人已經開始設立新學校，為男性提供技職教育。四百四十位學生將被送到國外留學，有豐厚的獎學金供應他們在各國生活所需，其中一位女學生也沒有，這些新的預算案沒有任何一案提到女性。甚至連女性的需求都沒有提到。

從早上說起，昨天是這樣過的：昨天是有名的人偶節。早上我幫一個樣子可憐的洋娃娃做衣服，娃娃是我爲一個小女孩找出來的。娃娃徹底是美式風格。又一個模仿美國嬰兒的可笑模樣，看起來像美日混血兒，如果找得到做長衣服的材料，應該再幫它打扮打扮，但我就將洋娃娃這樣擺出來了。他們邀請我參觀展示的人偶。有些人偶已有兩百年歷史，來自母親的家族。我應該找找有關這個節日的文獻，因爲寫起來太囉嗦了。不過，這裡的人偶眞的會讓大家立刻愛上；不像我們的娃娃只是毫無生命的東西，這些人偶是藝術品，象徵國民生活的各個不同面向。小女孩很喜歡屬於自己的人偶。要是我早點知道這些，就清楚該帶什麼禮物來日本了，不會像之前那樣手足無措。如果要來日本，就帶娃娃來。

下午，我受邀前往參觀全國首屈一指（或數一數二）的收藏，是很棒的體驗。對我而言，開頭非常折騰人，因爲我迷路了，遲了四十五分鐘才抵達帝國飯店——我們從帝國飯店出發。擁有這套著名收藏的家族歷史悠久，女主人是大名[2]之女，因此人偶非常古老。

人偶很精彩，更精彩的則是他們家中的器具，有古董漆器、瓷器、玻璃。袖珍的點心盛在小巧的盤子裡，放在小小的桌上，客人席地而坐，女主人和家人負責一切招待工作。我們享用由米釀成的醇厚白酒，白酒從一個個精美的小酒瓶倒進小酒杯中。我們舉杯祝主人全家身體安康，酒非常好喝，帶有連蜂蜜也無法匹敵的香氣。用完點心之後，我們被帶到舉行茶會的房間，然後再被帶回屋裡採西式裝潢的房間，享用眞正的點心，有各式各樣美味可口的糕點。裝茶給我們的茶杯放在飾有梅花的茶托上，現在是梅花綻放的時節。之後茶杯被收走，一杯杯香濃的巧克力放在桌上。桌子的高度夠高，可以搭配一般的椅子。所有洋樓的風格都很難看，但非常舒適，有維多利亞時代中期[3]的風格。男爵夫人敦促我們多吃特別的糕點，我們離開時撐得不得了。其中一樣糕點做成漂亮的粉色樹葉，裹在櫻花葉裡，櫻花葉是去年保存下來的。櫻花葉爲糕點增添可口風味，也提供一層包覆，讓手指不會碰到黏黏的糕點。另一樣是三顆小小的棕色圓形糕點（看起來有點像巧克力）串在一起。你把第一顆整個咬下來，然後一邊吃一邊把另外兩顆滑進嘴裡。光是這些就夠當一餐了，也非常營養。所有糕點都是用豆沙糊做成的，或像我們最扎實糕點的用料。等到用完這第二餐，我們就告辭離開。男爵夫人、三個美麗的女兒還有夫人的姐妹一起送我們到外門，車子開走時，我們最後看見的景象是管家和幾位美麗的女士向我們鞠躬，所有人齊聲說出最後一聲再見。幾個年輕的女兒身穿毛料平織布製成的和服，顏色、花樣非常亮眼，是日本人發揮想像創作的極品。她們就像百花盛開的庭園，種滿傳統的多年生植物。

庭園無法以筆墨形容。我曾經幻想過日式庭園會像什麼樣子，但發現跟現實相比根本不值一提。庭園廣闊，草地現在是褐色的，大半被厚厚的松針地毯掩蓋，在松針地毯的邊緣，扭結的草繩圍出優雅的曲線。整座庭園裡最令人稱奇的就是巨石的運用。石頭非常古老，久經風霜，有灰色、藍灰色的多重色調，以矮灌木為背景，呈現精鍊簡潔的景象，擁有古典之美，或許我們再過幾世紀可以企及這個境界——唯有等到我們消磨掉過盛的物質之後。

接下來，我們到M教授家吃晚餐。M教授家有六個孩子，老大是二十五歲左右的青年，帝國大學畢業，現在是政府的工廠督察員；他會說八種語言，其中一種是世界語，是他的興趣。有兩位法國教授也在場，機智幽默的一對活寶，他們盡責的聊天，而這位年輕人法語說得比我們都好，發音相當完美。他從來沒有踏足國外。晚餐之後，兩個小女孩、一個年輕男孩登場，向我們可愛地鞠躬及地，然後就去蹲坐在矮桌邊，下了整晚的棋。這是有名的猜杯遊戲。棋的日文是「五」的意思，是跟五有關的遊戲，但別再追問更多細節，我只知道一共有三百六十四枚棋子，還有你會用大的方格棋盤下棋。[4]佳餚美酒不斷送上，我們待到將近十一點才離開。日本人家裡有很多我們沒有的美味飲料。他們的飲料或許不比我們最好的飲料好喝，但卻為無酒精飲料增加更多有意思的種類。除此之外，我們還喝了兩種酒。

我記得的晚餐差不多是這樣。每個盤子上都擺著菜單卡，我猜想菜單卡是不是要讓外國客人拿走當紀念品，不過假如這的確是它們的用途，那我忘了拿我的那張。我們享用了湯、兩種麵包和奶油。接下來是鮮魚派，然後是放在烤麵包上的去骨小鳥佐蔬菜，下一道是一小碟的日式通心麵，和我們的通心麵不一樣。再下一道是烤牛肉，非常柔嫩的菲力，佐馬鈴薯球、豌豆、肉汁、另一種蔬菜（我忘了是什麼）還有沙拉，紅白酒在柳橙蘋果酒之後送上。再來是美味的布丁，還有蛋糕和草莓。這些莓果在室外培育，種在一排排石頭之間，石頭以人工方式加熱，我不太清楚是怎麼辦到的，藤蔓則以低矮的竹棚架保護，避免碰到石頭。打發的鮮奶油和莓果一起送上。最後是好喝的西式咖啡。

晚餐後，我們離開西式的會客室，上樓來到寬敞的和室，坐在火缽（也就是火爐）旁邊，孩子們也都過來了。熱茶立刻送了上來。然後，就在我們準備起身回家時，主人要我們再多坐一會、喝一杯，於是我們又喝了更多柳橙蘋果酒，甜滋滋的，然後又喝了瓶裝水，非常甘美，是來自各地的天然湧泉。日本人有一項娛樂是看外國賓客試著跪坐，而且他們確實覺得開心，這點你們不會懷疑。儘管笨手笨腳，我還是可以跪坐下來，但你們的爸爸連把腳彎成這個姿勢都沒辦法。星期天的時候，我們在日本最偉大的佛家僧人面前坐了兩個小時，如果你們試著維持這個姿勢幾分鐘，就可以猜得到我們是否蠢動不停，還有我的腳麻不麻，就算（像我們）跪坐在舒適的軟墊上也一樣。要優雅起身是最難的地方。

1本信出自愛麗絲．杜威筆下。

2大名爲日本封建時代對領地較大的領主之稱呼。

3維多利亞時代（一八三七—一九〇一）意指英國維多利亞女王統治的時代，一般劃分爲早期（一八三〇—一八四八）、中期（一八四八—一八七〇）、晚期（一八七〇—一九〇一）。

4原文是「Go」，日文的「Go」是「碁」，一般指圍棋。因爲「Go」跟日文的「五」同音，愛麗絲．杜威或許誤以爲跟「五」有關。圍棋棋盤有十九乘十九個交點，故全部的棋子有三百六十一枚（黑子一百八十一枚，白子一百八十枚），而非三百六十四枚。至於說圍棋是猜杯遊戲（shell game），可能也是不了解規則的誤會。

東京
三月四日
星期二[1]

朋友帶我們去了鎌倉；提前在旅遊書上讀這些事情沒什麼意思，所以我覺得在信裡詳細描述也不會有趣，不過，鎌倉是擁有超過七百年歷史的古都，最初的將軍統治者奠基於此，將鎌倉設爲首府，現在除了佛寺之外什麼也沒留下來。我們在去程的火車上巧遇帝大的日本文學教授，這天是某位詩人將軍逝世七百年紀念日，[2]因此他要去鎌倉演講，主題是這位將軍的詩作。我們還碰到數百名學童，有男學生、有女學生，還有他們的老師，他們星期天要去歷史古蹟觀光。其中有間供奉戰神的大寺廟就像博物館，收藏古代的刀劍、面甲等等。朋友帶我們拜訪釋禪師，[3]日本佛教禪宗的領袖，他和我們談了大約兩小時（連同翻譯的時間在內），回答關於佛教的問題，特別是禪宗方面的問題。會談非常有趣。我們被迎進和室，房間比例優美，凹間有漂亮的掛物——是掛軸，不是和服[4]——還有鑲嵌珍珠母貝的五腳金屬小桌。此外別無長物，但房間本身有華麗的藍色、金色菊花在天花板鑲板上交替綻放，房裡各處擺上五個絲綢坐墊給我們坐，房間底端還有一個坐墊給釋禪師。大概五分鐘過後，另一道拉門打開，釋禪師現身，身穿美麗但簡單的黃銅色飄逸長袍。接著茶和鬆軟的糕點送了上來——同時會談也就此展開。我應該順帶一提，大家都席地而坐的時候，侍者鞠躬和跪地的動作看起來比較自然、比較不卑微，而且侍者要遞任何東西都必須跪下來。釋禪師的個性是學者型，相當刻苦修行，不過度雕琢，完全不會太過圓滑（不像我們有些印度教導師那樣），非常迷人。我們離去之際，他感謝我們前來，說能結交新朋友眞是心滿意足。他的談話大部分著重在道德，但帶有濃厚的形上學氣息，有點難以捉摸，令人聯想到羅伊斯。[5]嗯，這是非常値得的經驗，釋禪師享有盛名，是日本最博學、最有代表性的佛教僧人，而且就像我說過的，百讀不如一見。就某方面而言，他比羅伊斯更現代；他說神是人心中的道德理想，人發育成長的同時，神聖的原則也隨之發展改變。我們參觀了五十呎高的青銅大佛，大佛就某方面而言是日本最負盛名的一樣寶物，也是你們一定要親眼看看的東西。跟大教堂一樣宏偉。

開始提筆寫這封信之後，我們還參加了一場晚宴。我們的主人似乎是全方位的天才——貴族院議員、教育界權威、蘭花愛好者、畫家，還有更多我不知道的才能。[6]餐桌上有超過二十人，大家舉起手中的香檳祝我們健康，加上一小段致詞，賓客還包括兩位閣員。伯爵夫人是八個孩子的母親，看起來年約三十，以三十歲而言非常美麗動人。用晚餐前以及晚餐用畢之後，有三、四個小女孩在我們身邊團團轉，她們就跟下一代的一些小女孩一樣，像你想像得到的那麼無拘無束、活潑自然。一般後天習得的個性在日本肯定是天生的，因爲就連最活蹦亂跳、最自由自在的孩子都這麼有教養。不管你們覺得日本人是什麼樣的人，他們肯定是世上數一數二高度文明開化的民族，或許過於文明多禮了。我問媽媽這些女孩子什麼時候會受到文靜教養的洗禮，被奪走全部的活力，媽媽說這些女孩永遠不會失去活力。

成瀨校長今天早上過世了；他罹患癌症，因此沒有在人間久拖也是幸事。他是放眼日本出類拔萃的人物。在他過世的前兩天，皇后送給他一份禮物：捐款五千元給他的學校——非常慷慨的捐款，也對推展女子教育大有助益。說到招待我們的這家人，他們向我們展示的女兒節擺飾裡，有幾個精緻的人偶是皇室公主送給伯爵夫人的，光憑這點你們就能看出那天晚宴招待我們的主人出身多麼高貴。對了，人偶絕對不會拿來玩——人偶是值得細細觀賞的藝術品，也是歷史的結晶。孩子們拿出美國洋娃娃（他們有十個洋娃娃）給媽媽看。

1本信出自約翰．杜威筆下。

2按年代推測，此處指的應是源實朝（一一九二—一二一九），他是日本鎌倉幕府第三代征夷大將軍，第一代大將軍源賴朝之子。源實朝是位著名的和歌歌人，一生創作和歌逾七百首，共有九十二首作品被選入各敕撰和歌集（天皇或太上天皇下令編纂的和歌集），也是《小倉百人一首》收錄作者，還曾將自己的作品編成《金槐和歌集》。

3釋宗演（一八六〇—一九一九），是臨濟宗（禪宗的一支）的僧人，他是最早將「禪」傳至美國的禪師，一九一六年回到鎌倉圓覺寺擔任派管長（圓覺寺方丈，同時也是該宗派的領袖）。

4掛物（kakemono）是掛在凹間（內凹的壁面）裝飾品的統稱，包括書畫、扇子、書信等等，因爲日文發音與和服（kimono）類似，故作者特別加以說明。

5羅伊斯（Josiah Royce，一八五五—一九一六），美國客觀唯心主義哲學家。

6林博太郎（一八七四—一九六八），日本教育家、實業家、政治家，一九〇七年承襲伯爵爵位。

三月五日[1]

目前爲止，我已經講了三場演講。[2]日本人是有耐心的民族；觀眾依然爲數不少，可能有五百人。我們漸漸蜻蜓點水地認識了很多人，如果可以有兩三個星期不用準備演講，我就可以專心多了解日本，但以現在的情況，我只能累積一些印象。毋庸置疑，巨大的改變正在發生；至於改變會有多長遠，基本上端看世界各國表現如何。如果世界各國辜負其和平、民主的職責，保守派官僚和軍國主義者（他們當然依舊頑強）會說「我們早就說過了」，進而引發反彈、退步。但是，如果世界各國（尤其是我國）能夠以身作則，日本的民主化會進展得穩定快速，一如我們所望。

1本信出自約翰．杜威筆下。

2二月二十五日至三月二十一日期間，杜威每週二、五在東京帝國大學演講（系列講座題爲「現代的哲學位置：哲學改造之問題」〔The Position of Philosophy at the Present: Problems of Philosophic Reconstruction〕），三月四日爲止正好在帝大講了三場演講。

東京
三月十日
星期一[1]

昨天我們第一次品味能劇。我們早上不到九點就抵達劇場，我兩點前離開，去參加成瀨先生的喪禮，不過媽媽一直待到快三點，直到她必須去學校演講爲止。媽媽可以用更有學問的方式告訴你們能劇是怎麼一回事，她聽起來會遠比我聰明，不過我倒可以說說，劇場這棟建築在結構上像穀倉一樣——伊莉沙白時代劇場的反撲，而且除了幾個小小的松樹盆栽和一大株畫的松樹之外，臺上沒有任何道具，只有戲服昂貴講究，還有面具也很精緻。這是要經過學習才能欣賞的品味，但很快就能學起來。要不是他們演出時藝術出色、技藝精湛，表演看起來或許會淪爲愚蠢，至少在外國人眼中如此，但這樣的表演方式讓能劇精彩萬分，儘管很難說除了高超技藝之外，能劇的魅力從何而來。日本確實孕育也培養了刻意爲之的控制。

成瀨先生深受眾人景仰，他的喪禮非常盛大——會場肯定聚集了全東京的汽車和大半的人力車，喪禮上致詞的人有八個還是十個，即使在我這個什麼也不懂的人眼裡，也覺得很了不起。其中有一點非常文明：致詞人在向觀眾鞠躬之前（而且所有觀眾都會回禮），會先向遺體鞠躬，遺體放在平臺上的棺木裡，平臺滿是鮮花，比美國喪禮上的鮮花還多。

這天下午，我們本來要去澀澤男爵家喝午茶、吃晚餐，但他的流行性感冒惡化成肺炎。

再說回星期六。歡迎會很愉快。我們碰到幾位美國人，他們是教會學校和教會學院裡的教師，學識豐富，待人和善，至少就我目前所見是如此。針對傳教士的批評聲浪似乎相當沸沸揚揚。朝鮮最近剛發生反教騷動，因爲爭取獨立的運動正在朝鮮展開，[2]而且似乎是由上過教會學校的朝鮮人帶頭發起。日本這裡的傳教士立場看來相當分歧，有些人譴責朝鮮的傳教士，說他們會敗壞全日本基督教的名聲，有些人則說，這證明了基督教的教導可以造成實質影響，有助於改善社會條件，因爲這會招致外國的批評和矚目，使日本修改殖民政策，目前的殖民政策似乎是以軍政統治，而非民政。謠傳朝鮮先皇[3]並非壽終正寢，而是自殺身亡，希望能延後或阻止長子和日本公主的婚禮——他們本來馬上就要結婚。大家似乎都不清楚故事到底是編出來激勵朝鮮革命分子的，還是確有此事。同時，據說婚禮仍會舉行，日本人爲他們可憐的公主感到惋惜，她要犧牲自己嫁給外邦人。

星期四晚上，媽媽邀請X先生一家和另外幾位客人（連同我們在內一共八人）到日式餐廳吃晚餐，牛肉料理的餐廳——餐廳家家各有專門料理——我們在餐廳裡席地而坐、拿筷子用餐，除此之外，餐廳端上的薄片牛排是生的，以蔬菜調味，盛在小小的平底鍋裡，放在燒炭火缽上烹煮，兩人共用一個爐火。當然很好玩，像在室內野餐。

喔，對了，星期五發生了一件特別的事。我們早上去了帝國博物館，[4]由館長爲我們導覽——我不打算描述博物館——不過，回家路上，我們被帶到一間菸斗店，媽媽買了三個小小的日式菸斗，女用菸斗，準備帶回國。東西相當迷人；賣菸斗的人說這是他第一次賣東西給外國人，因此送給媽媽一個女用小菸草袋和一只菸斗架，都是荷蘭布的製品，不是什麼貴重的東西，但價值或許相當於她購買的所有商品，肯定超出店家這筆買賣的利潤。真是相當動人的事件，也抵銷了他們做生意不老實的傳聞，因爲這個舉動真的對外國人展現出好客之禮，不過他自己也說，他們通常會對外國人哄抬古玩的價格。

1本信出自約翰．杜威筆下。

2此處指的是韓國「三一運動」。一九一〇年，大韓帝國總理與大日本帝國簽訂日韓合併條約，將韓國主權讓予日本。一九一九年三月一日，日本統治下的朝鮮殖民地爆發大規模獨立運動，史稱「三一運動」，最終以日本的武裝鎮壓收場。

3朝鮮高宗（一八五二—一九一九），致力於韓國獨立運動，一九一九年一月二十一日逝世，死因衆說紛紜，日方消息表示其死因爲自殺，但韓國人民懷疑是日本蓄意毒殺，引發民衆憤慨之情，成爲三一運動的導火線。三月一日高宗葬禮當天，韓國人民在朝鮮各地發起獨立、反日的遊行示威，爲後續獨立抗爭鳴響了第一槍，故稱「三一運動」。三月一日至今也仍是韓國的重要紀念日。

4帝國博物館設立於一八八九年，一九〇〇年改名東京帝室博物館，爲今日東京國立博物館的前身。

東京
三月十四日
星期四[1]

我們剛剛結束小小的野餐。媽媽有點感冒，所以侍女把她的晚餐拿到房裡，爲了讓我陪媽媽，也把我的晚餐拿進來。媽媽拿出常用日語集，向侍女念了好幾個短句，看她們樂呵呵地笑，笑得前俯後仰，沒有什麼戲劇比這齣戲更逗趣。我吃下最後一口之後，詢問食物叫作什麼，重複一次，然後說「莎喲娜啦」——日文的晚安道別。這個老派的笑話成功幽了一默。日本人確實是善良的民族。我觀察附近公立學校的孩子放學回家，不過至今還沒有看過有誰欺負弱小或甚至取笑他人，只會開開最善意的玩笑，沒有人吵架，也完全不像會發生爭執。但他們可是身強體壯的小子，不是病貓。看著十歲或十二歲大的男孩玩捉迷藏、跳過水溝，背上還揹著另一個男孩，眞是奇景。大家不會公開教訓或責罵孩子，甚至連惱怒之詞也聽不到，至於打孩子就更不用說了，也不會嘮叨，至少不會在公開場合。有些人可能會說，孩子沒被罵是因爲他們很乖，然而合理猜測應該是因果正好相反。不過，有一點我們必須同意，就和睦的外在環境、愉快氣氛和禮節而言，孩子們看不到壞榜樣。有些外國人說，這一切都是表面工夫，但說這些話的外國人，即使以我們的標準來看，他們的禮貌也不怎麼樣。不論如何，表面工夫總好過什麼也不做，只要肯花工夫就是好事。但是，日本人說他們的禮節只保留給朋友和認識的人，這不表示他們對陌生人態度惡劣，而是他們不在意陌生人，不會爲陌生人特別費心做什麼。

我跟你們提過媽媽買菸斗時送她禮物的那個人。昨天我們到那一帶去，媽媽再度光顧菸斗店，又買了一只菸斗，也告訴他大家對禮物的看法，讚美他送的好禮。於是他起身撈出另一只昂貴些的菸草袋，有點破舊，是現在演員在臺上用的那種，然後他把菸草袋送給媽媽。媽媽自然想要婉拒，但卻推辭不掉。他透過跟我們同行的朋友告訴媽媽，他非常欣賞美國人。既然菸草袋被升格爲表達外交情誼之禮，媽媽就收下了禮物，現在我們必須想想要送什麼回禮給他。不過，我們把事情經過告訴幾個在這裡的美國人，他們都說這樣的事眞是聞所未聞。

我們今天早上原本預定前往華族女學校，[2]已經預約好要爲我們導覽。媽媽因爲感冒不克前往，我們請人幫忙打電話，看能不能更改時間。結果今天下午媽媽就收到了漂亮的百合花和孤挺花——來自與我們素未謀面的人。從我談論禮貌的篇幅，佛洛伊德理論的追隨者必會毫不猶豫的推斷我自己有多不禮貌。

我們到日式餐廳吃晚餐。這是間魚料理餐廳，我們自己煮魚和蔬菜，不過這次用的是瓦斯爐，不是炭火。我們也吃了小菜、魚、龍蝦等等，數不清的食物。餐廳不是給你標上價錢的菜單讓你點菜，而是由苦力拿來擺滿各色料理樣品的大托盤，然後由你自取。其中一樣是放在一半的殼上的鮑魚，都是鮑魚寶寶，跟我們的蛤蜊差不多大，但肉沒有那麼老，跟大隻的就更不用比了。我沒有吃炸魟魚和其他珍稀海味，但也嘗到相當多美食了。等你們有空，試試看用筷子吃帶殼的龍蝦。你們會改用比筷子更古老的東西，就像我一樣。這間餐廳用來煮魚的祕傳醬汁遠近馳名，不過仍然相當平價，但還是比另一間餐廳貴得多——或許是因為我們試了太多樣小菜；另一間餐廳八個人吃飯只要五塊錢不到——食物美味，而且人人吃得起。

1 本信出自約翰·杜威筆下。三月十四日為星期五，此信可能寫於三月十三日。

2 「華族」為日本貴族階層，此階層存在於明治維新後至一九四七年「日本國憲法」（戰後憲法）頒布前。信中校名寫為「Peeress's School」，即「華族女學校」，但該校自一九一八年起已改為「女子學習院」，在此之前也開始招收平民學生，此處使用貼近原文的舊名。該校校名目前為「學習院女子中·高等科」，是一所私立女子中學。

東京 三月十四日

1

早餐儀式結束；你們不能都來日本分享這些日常慶典，再次讓我感到可惜，這些儀式大幅提升了生活的尊嚴。我們現在在學日語，侍女幫忙教。我本來要去私立幼稚園慶祝女兒節，但無法成行，結果呢——今天早上孩子們寄來明信片，附上好多親手做的禮物，都是人偶，我會寄回家裡，因爲都很有趣。他們寄禮物來，然後說：「我們做了蛋糕準備迎接你，你不能來讓我們陷入絕望深淵。改天請再過來。」我非常確定世界上再也找不到第二個像這樣的國家。日語難如登天。旅遊書裡短句的語法是男性的說話方式。因此，我結結巴巴地念出這些短句時，侍女眞的是要笑死了。她們告訴我，用女性更禮貌周延的方式應該怎麼說，我完全被打敗了。一切都是好玩的遊戲，也可以放鬆她們的密切關注——平常她們總盯著我們吃的每一口東西，隨時準備要爲我們添上。她們做的每一件事都透露出最和善的態度，一舉一動都是友誼之舉。

以下是今天的行程：前往某幾位傳教士的家吃午餐，然後三點半去聽爸爸的演講，晚上參加為芝加哥大學學生舉辦的餐會。我明天沒有行程，小祕書會帶我去購物。那間大型百貨公司是時髦的地方，所有的貴族和富人都在那裡買和服，我想要買二手和服，但也不妨多買件全新的和服。等到了京都，我希望能找到真正的老和服，因為新紡織風格染上了外國的影響。前幾天晚上我和Y找到了一間小小的古董店，那家店真是顆耀眼的寶石。老闆已經上了年紀，和妻子一起顧店，Y打賭說他們一定是武士階級，因為他們展現了貴族真正的風範，他們的小小店面也精心布置得很美，好像把這裡當成家一樣——這裡也確實是他們的家。我打破了九谷燒的古董盤子，問這裡買不買得到。他們沒有九谷燒的盤子，但我們還是看了其他東西，他們不停鞠躬，我們要離開的時候，說很抱歉什麼也沒買，卻這麼打擾他們。他們回答：「我們沒有您們想要的東西，還請見諒。」

明天我們要在附近和非常機智風趣的一家人（某教授一家）共

進午餐。沒有女士來訪，至少沒有任何一位已婚女士前來，一方面是因爲害怕說英語；不過我開始學會順其自然，不要太拘泥形式，不知道這樣是不是最好的做法。週二的婚禮是我看過最有趣的典禮。結婚儀式是基督教儀式。參加者都是城市裡時髦的有錢人。女士全都身穿綢緞黑和服，光彩斑爛的綢緞很重，黑和服底下是柔軟中國絲綢做的全白衣袍，第三層則是顏色亮麗的裡衣。K的裡衣是明亮的朱紅色。她的衣袖不長，因爲她已經爲人母，但年輕女孩都穿著顏色亮麗的和服，袖長幾乎及地。新娘也穿黑禮服。這些正裝和服都有五彩繽紛的裝飾，有些是刺繡，有些是染色，裝飾在正面的下襬。新娘的禮服在她周圍的地上鋪展開來，就跟老照片一樣，禮服上繡著大朵的玫瑰色牡丹，她的裡衣和黑衣的滾邊都是玫瑰色。新娘的頭髮梳成傳統髮式（像版畫裡畫的樣子），淺色玳瑁髮簪的兩端刻有錦簇花團，花朵小巧，髮簪凸出約三吋，在新娘的頭上盤成一頂髮冠。歡迎賓客的主人家成員如下：第一位，新郎的父親；第二位，新娘的母親；第三位，新郎；第四位，新娘；

第五位，新郎的父親；第六位，新郎的母親。所有人排成一直線，新娘的儀容經過精心安排，就像以前的版畫，她和新郎目光朝下。只要一有人經過，他們就立刻全員鞠躬，但他們不動手、不動眼，甚至連這些華美服裝的衣角都文風不動。我忘了說，男士都穿西裝，非常可惜。接下來我們移動到兩間大房間，男士都坐在同一間抽菸，女士則坐在另一間。認識我的人都很親切。H伯爵夫人把我介紹給伴娘——至少她們應該是家裡的姑娘。她們是新娘的姐妹和年輕的親戚，全都一身華麗至極的和服，竭盡刺繡、裝飾之能事；她們看起來就像鸚鵡、像孔雀、像樂園、像青鳥，集各種想像得到的繽紛色彩於一身，賓客清一色的黑衣（邊緣飾以純白色，在一群黑衣人裡非常突出）形成完美的背景，在我們那裡的聚會，服裝的顏色、外形、材質各式各樣、五花八門，總是顯得雜亂無章；相較之下，這裡絲毫不見雜亂。喝茶時（非常隆重，大家上桌就座），新人的家人一同坐在房間底端的長桌。新娘這時換上一襲綠和服，同樣華麗動人；新郎坐在離她兩呎遠的地方，兩位新人都坐在長桌中央。

1本信出自愛麗絲・杜威筆下。

東京

三月二十日

星期四[1]

這週我們有好幾場社交活動。星期二晚上，H將軍（他不會說英語，但和我們一起搭「春洋丸」號來日本）爲我們在砲兵工廠的庭園舉辦派對。若非如此，我們根本不可能走進砲兵工廠。派對上有二十五人左右，大都是基督教協會的人，還有日本教會的神職人員，我前一天晚上剛在日本教會演講。將軍非常熱中於讓日本更民主，我談論了民主的道德意義。嗯，這個庭園完全不是我們一般認爲的庭園，這裡是園林，而且是全東京最優美的園林，僅次於皇家園林。我們習知的日本庭園小巧精緻，但這裡迥然不同，佔地寬廣，沒有那種巧妙的小造景，但有許多大型造景，因爲以前的造景師熱中於將知名景色小規模地重現在別的地方，這點你們或許知道。兩百年前建造這座庭園的古代大名非常仰慕中國，因此庭園再現了數地中國勝景，還有一處京都的勝景。最了不起的地方在於，他們能在有限空間做出豐富變化；假如中央公園交到他們手中，他們就能重現地球，造出阿爾卑斯山、造出愛爾蘭海峽的風暴。處處細節皆舉足輕重；一切都經過精心藝術設計，每塊小石頭自有意涵，因此野蠻人只看得到表面的景色。只有像鑽研藝術家的傑作一樣仔細研究它，才能全面了解它。砲兵工廠的廢氣已經摧毀不少老樹，許多地方光輝不再。

媽媽或許跟你們提過，有位年輕女性（日本人）要去紐約讀書，媽媽要照顧她，帶她和我們一起搭船；今天又有一位年輕女士來訪，她說她想要回美國。關於帶年輕女士和我們一同回國的事，Y說我們一定要小心，因爲有一次他媽媽被拜託護送十七位少女同行，她帶了其中三位。你們可能不了解，去美國念書實際上等同於放棄婚姻；她們會變成老姑娘，等到回國早已超過適婚年齡——而且去過美國的人也不太樂意接受父母之命、媒妁之言。昨天在演講會場上，有人指出一位日本女士給我看，她年近三十，即將和這裡一位美國建築師結婚。事有例外，而這個案例顯然是有名的浪漫故事。演講主題是國家神道的社會面向；儘管國家神道不是日本的既有宗教，但是被訂爲國教。[2] 雖然沒有出現從科學角度看來當然不能說的言論（我的意思是，假定這些言論在科學上都站得住腳），但他們卻小心謹慎地避免任何言論出版，這點非常有意思。帝國政府在某方面是神權政府，這方面最敏感，因此他們不深入探究古文獻的歷史批判或分析；祖先是神也好，神是祖先也罷。有位紳士官員確信神聖祖先的語言一定在哪裡留下了雪泥鴻爪，因此他四處調查古神社，確實在梁柱上找到既非中文也非日文的文字。他把這些文字抄寫下來，當作古代語言來展示——直到有木匠看到，解釋說這是一般的公會標記。

1本信出自約翰．杜威筆下。

2原文爲「神道」（Shinto），但依上下文推測作者指的應該是「國家神道」（State Shinto）：前者是日本自古以來的泛靈信仰；後者是由明治政府開始推行的國教，強調天皇的神格，教導國民敬神愛國，且政府主張其並非宗教，二戰後遭到廢止。

鎌倉
三月二十七日
星期四 1

這裡的天氣遠比芝加哥還變幻莫測。星期一半夜刮風下雨，等到隔天起床，卻是我們看過最晴朗、最溫暖的日子。那天我們出去觀光，沒有穿大衣就出門了。木蘭樹上繁花盛開。昨天和今天又溼又冷，就和我在各地看到的三月天一樣；要不是風大，昨晚應該會結霜。難怪這裡盛行肺結核。

今天早上有三位帝大教授來拜訪我。他們希望能爲我們安排離開這裡時的一切交通細節。我想我應該被問了二十次：我們打算在鎌倉待多久。我說不知道，要看天氣等等，他們說：「喔，也對。」然後五分鐘過後，他們又再問起一模一樣的問題。我不知道到底是因爲他們也會幫自己事先鉅細靡遺地做好一切安排，還是因爲他們覺得我們是無助的外國人；我想或許兼而有之。我們沒辦法一五一十的交代前往中國之前哪一天要做什麼，但他們弄不懂這點。另一方面，我從來沒見過有誰像他們這麼常改變計畫，特別是社交方面的計畫。

這裡現在有股強烈的反美浪潮，大體上似乎侷限於報紙，但多少也受到人爲操弄，想必是軍國主義派系在推波助瀾，軍國主義者近幾個月失去的聲望比數年來還多，自由主義的支持度則相應提高。於是他們覺得有必要重振聲勢。想要阻止自由主義的支持擴大、強化支持軍國主義大黨的論點，最簡單的方法就是批評美國，就好像來拔我們的虎鬚一樣。種族歧視的討論非常熱烈，主要針對美國而發，[2]無視澳洲、加拿大，也無視日本根本禁止中國和朝鮮移民的事實，而且他們對中國人的歧視比我們對日本人更甚。不過，不管在哪個國家，邏輯一致都不是政治這檔事的強項。除了種族歧視的議題之外，外國人和日本人接觸時感受不到報紙傳達的反美情緒。如果英日同盟條約[3]因爲國際聯盟或其他原因失效，責任會落在美國身上，即便英國才是原因。日本兩年前也有過類似的反英浪潮，強硬地和英國盟友交涉各項戰爭事務。但既然德國和俄國都退場了，英國也沒有理由一定要緊抓日本的同盟，此一時，彼一時。這讓攻擊美國顯得益發愚蠢，因爲日本在國際上相當孤立，就算他們和法國基於對俄的共同利益（經濟等等）而結盟，情況也一樣。

1 本信應出自約翰．杜威筆下。

2 十九世紀晚期至二十世紀初，移民美國、加拿大、澳洲、紐西蘭的中國勞工，因自願以低廉薪水從事勞務，引起白人居民反彈，對於先後來到的中國、日本移民不滿，將其認定為經濟上的競爭對手、玷汙種族純粹度的禍根；隨後加上中國發生義和團事變、日本於日俄戰爭中戰勝俄國，引起西方國家恐慌忌憚，排外的「黃禍論」（Yellow Peril）更加盛行，加州甚至於一九〇六年通過相關法規，要求日裔學童於種族隔離學校就學，並在一九一三年通過外國人土地法（California Alien Land Law），防止東亞裔民眾（主要針對日裔移民）擁有土地。

3 英日同盟（Anglo-Japanese Alliance），一九〇二年，英國為箝制俄國在遠東的發展而與當時利害相近的日本結盟，後因雙方利益衝突、美國介入干涉等原因，同盟於一九二三年失效。

東京

三月二十八日

星期三[1]

明天我們要再去鎌倉，從這裡過去只要一個半小時。我們也要簡單上山旅行，到溫泉區，但櫻花季的腳步已大幅加快，比往年提早十天，我們怕萬一遠行，櫻花會趁我們不在自開自落，所以我們過幾天也許會回來東京，再待一星期左右。接著我們要出發去京都，路程爲期五天，路上要造訪伊勢神宮。這是全日本最古老、最神聖的神宮，意思是這裡是祭祀皇室祖先的中心所在。說到祖先，你們也許記得我們提過伯爵。他第一任妻子的父親最近晉升爲男爵。國會會期已經結束，於是伯爵前往南方島嶼——祖先埋骨之地——告訴他第一任妻子的祖先這則重要的家族消息。伯爵是貴族出身的自由派政治家中年紀最大的，他和已故天皇[2]關係親密，因此不願意參加一年一度的慶典，慶祝先皇頒布憲法：[3]他對憲政毫無進展相當反感，他說在能夠向先皇報告進展以前，都無法面對先皇。否則他會覺得自己無顏拜見，他覺得自己對已故天皇有責任。這裡不適合靈媒討生活。日本人顯然能和過去通靈。

我們最近一直在吃東西。我吃了兩餐日本料理，用筷子吃，昨天一餐、今天一餐。一餐是昨天在餐廳的午餐，我們吃了很多你們沒有聽過（當然也沒吃過）的料理，另一餐是在朋友家的晚餐。桌上總共有十二道菜，之後又上了兩、三道——茶不算；今晚在別的地方吃飯，情況也差不多。我們拿到寫在扇子上的菜單，只寫日文，還拿到小小的銀製鹽罐，送給我們當紀念品。兩道晚餐的共同特點是一共上了三次湯：最前面一次，大概中間一次，結尾時再一次；在這種宴席，米飯要等到接近最後一道菜時才上。然後會有一兩道湯湯水水的料理加進去。我可以不提出任何質疑，好好吃下生魚；我們還去了一間雞肉料理餐廳，星期天去吃午餐，我吃了海苔包生雞肉，中間點了鮑魚，還吃了貝類，其中可能混了一些魟魚。

我們在日本已經待了六週以上，盤點我們完成的事，可以說，雖然我們觀光的足跡比不上一些停留六天的觀光客，但我認為我們見識到很多日本人過的一般家庭生活，看得比大部分美國人待六個月能看到的還多，遇到的談話對象也出乎尋常的多，這些人不是成群官員，而是有代表性的自由派知識分子。觀光比預想的少，但關於日本的情況卻了解得比原本預期的更多，和歐洲的旅行經驗正好相反。等回國之後，我應該試著安排和幾個官員見面，因為我現在知道得夠多，足以評判他們的言論。整體來說，美國應該為日本感到難過，或至少應該同情日本，而非懼怕日本。我們自己也問題重重，因此說日本問題更多似乎很可笑，但他們能用來處理問題的資源、物力、人力確實都比我們少，而且在處理很多問題上，日本幾乎都還必須先跨出第一步。日本這麼快就成為世界強權，但很多方面準備十分不足，實是大不幸；日本面臨不可辜負其地位、聲望的任務，挑戰維艱，他們可能會在壓力下崩潰。

1本信應出自約翰・杜威筆下。作者誤植日期，此信似寫於三月二十六日，但伊芙琳・杜威將其編排在三月二十七日信件後。

2指大正天皇的父親明治天皇（一八五二—一九一二），一八六七年至一九一二年在位。

3即「大日本帝國憲法」（又稱「明治憲法」），一八八九年頒布，隔年十一月底實行。

東京
四月一日
星期二[1]

日本人有件事值得我們效法。他們在學校好好教導學童要對外國人親切有禮，說明此事的美好和責任，就像招待家裡的賓客那樣。這增進了他們的民族尊嚴。

昨天我巧遇天皇外出，在街上遇到天皇，在這之前，我從來不知道天皇會外出，因此對我是個非常驚喜幸運的經歷，對他也沒有害處。我一如往常的走下山坡，和朋友一起去搭車。我們要從街上車子走的這邊上橋，跨過運河，然後轉彎，再走一個街區到站牌。我們過橋到另一邊時，街道兩側的人全部集合成整齊安靜的小隊伍，三個警察細心溫柔地根據身高安排大家的位置，讓大家盡可能看得清楚。因此我們跟著大家排隊，同時警察讚許地在一旁觀看。沒有人高聲說話，我注意到同行的朋友和警察交談，於是大膽問她為什麼我們要站在這裡。她和大家一樣輕聲細語地說：「天皇會經過這裡，前往參加早稻田大學的畢業活動。」喔，眞讓我大吃一驚。我想除非我能從馬車門上的菊花紋章[2]推敲出緣由，否則應該絕不可能弄清楚發生了什麼事。我問她：「天皇會怎麼經過？坐在車子裡？我們要在這裡站多久？」我心中浮現下列傳聞的情景：街道淨空，門戶緊閉數小時，同時白沙鋪地，蓋住車痕，諸如此類。她說：「不會，一下子而已。」現在我認清不太可能再打聽到更多天皇的消息，於是站定在一個三歲左右的可愛孩子身後，和其他學童一起等。隊伍不久就抵達了，首先是一隊騎兵，身穿普通的卡其色制服，隨後跟著一位男人，外表是非常典型的日本人，他單獨坐在其中一輛輕型馬車的後座，馬車乾淨閃亮，車門上有菊花紋章。他跟其他軍人一樣，身穿卡其毛料制服，頭上戴頂帽子。然後又來了幾輛閃閃發亮的小型輕型馬車，由兩匹馬拉車，所有馬車都一樣。我努力探頭張望，清楚看見單獨坐在中間位置的一個矮小男人，他坐直身體，愉快地看著正前方。隊伍行進時，我問同伴：「哪一位是天皇？」她回答：「第一輛馬車裡那位。」接著依舊是教養良好的一片安靜；而後馬背上優秀嬌小的軍人一位接一位全員逐漸通過。我們在橋邊又站了一會之後，開始繼續往車站前進。

天皇往反方向離開。過了一陣子，我開口說：「我不知道天皇會參加畢業典禮之類的活動。」然後繼續喋喋不休，同伴則以緩慢、莊重、平靜的語調說：「這也是我第一次看到天皇。」於是我說：「這樣啊？」然後又問了一些問題，仍然好奇竟然沒有人高喊萬歲或發出任何聲音；直到今天我才知道，原來所有人都靜靜站好，目光朝下看著地面，只有我一個人看向天皇，大家皆懷抱無比崇敬，因此甚至聽不見他們的呼吸聲。除此之外，早稻田是自由派大學，而且是私立大學，因此我依舊好奇不解，後來才知道原來天皇是去參加華族學校[3]的畢業典禮，他每年都會參加該校的畢業典禮。你們由此可見我多幸運，而且我對於努力張望一事感到心安理得，我看到了天皇。

御苑園遊會在我們離開東京後的那週舉行。所有伯爵以上的貴族、帝國大學的教授，還有新近來日的外國人皆受邀參加。因此，除非身為教授，否則外國人只能參加一次而已。我們在清楚各種禮貌細節之前，已在大使的名冊上登記姓名，準備接受邀約。所以，既然知道了自己只能參加一次，而且一旦受邀就理應出席，我們會撤回受邀的請求，因爲園遊會在四月十七日舉行，但我們十五日就要到京都。不過，我們非常好運，有位男爵的女兒（她是皇室成員）邀請我們明天和她一同遊覽御苑，也就是園遊會預計舉辦之地，如此一來我們更可以好好欣賞庭園。這個御苑是親王庭園之一，不是護城河後方天皇居住的御苑。[4]秋季的賞菊園遊會似乎是在天皇居住的御苑舉行，但絕不會進到護城河之內，除非受到召見，否則任何人都不能進入護城河之內。護城河和皇宮周遭非常優美，不過如果你們想看描述，可以自己看旅遊書，所以我不打算描寫這些東西來煩你們。護城河的城牆是由封臣出力興建，就像所有這類勞役一樣，城牆在華美壯觀上不遺餘力。有些護城河很久以前就已塡起，不過皇宮周圍還有三道護城河。你可以在外護城河以內散步一下，看看雄偉的城門和嚴肅的守衛。御苑內空氣清新，樹上鳥鳴婉轉，城市的塵囂絕不會侵擾此地。

今晚我穿上「足袋」，[5]這種小巧可愛的分趾襪不合我的腳，但是比毛氈拖鞋要好多了，每次上樓梯的時候，拖鞋都會從腳上掉下來。事實上，我在住的地方都穿普通的家用拖鞋，但不穿更好，而且我們從戶外進來一定會脫鞋。日本人的確是比我們乾淨的民族。我跟你們說過我們在日式浴盆洗澡嗎？每天晚上，超過三呎深的木桶都會爲我們放滿燒熱、滾燙的熱水。這個浴盆的水是從水龍頭放的，但是在鎌倉，浴盆尾端放著小小的炭火爐，水則用水桶提來，每晚重新加熱。這樣做似乎沒什麼問題，我很惋惜多年來我國一直不用浴缸，我們花了這麼多力氣要取得浴缸，但同時老早就存在這種小巧簡單的裝置。不過，我們可以跟上腳步，用炭火爐加熱、煮水。

我們學會相當熟練地用筷子吃東西，用筷子沒什麼不好。我看到反對筷子的主要理由是吃東西會太快，這個國度不懂得細嚼慢嚥。[6]自己煮自己的食物，這個可愛的小方法值得引進紐約。最近這幾天我們好好四處觀光，符合歐洲的觀光定義，整天在城裡四處跑、買小東西，然後晚上得以享受美好的地利之便，回到舒適無比的宜人居所，這點和歐洲很不一樣，能夠稀鬆平常的到處漫遊，眞是把我們寵壞了。

日本最偉大的演員在這裡。他出身大阪，名叫鴈治郎，[7] 我們訂了星期四的包廂。劇目是在紐約演過的那齣《武士道》。演出長度比在紐約長得多。劇的名字不同，表演方式也大異其趣。星期天我們要再去看能舞，又或者，如果買不到好的票，改去看由女性演出所有角色的劇場，這種劇場可以平衡劇團一般只有男演員的情況。這裡演出女角的男性確實極爲入戲。爲了不讓技藝生疏，他們時時刻刻都以女性的方式生活、裝扮、行動坐臥。只有在站定時，才無法掩藏他們是男人的事實。戲劇下午一點開演，一直演到晚上十點。午茶和晚餐會用漂亮的漆面小餐盒裝好送進包廂。鴈治郎每一場都登臺演出，連續表演八小時，你們由此可見這裡的演員確實用心琢磨技藝。戲服華麗絕倫，但演員昂首闊步不是只為了炫耀而已。他們臺詞的用字遣詞非常造作，因此必須仰賴表現方式來傳達效果，於是相較於世上其他流派，他們更是用全身來演出。最上乘的演技（就像我們即將觀賞的表演）在觀眾看不見演員的臉時，據說可以用背部、小腿表現出各種情緒。

1推測本信出自愛麗絲·杜威筆下。

2日本皇室家徽為「十六瓣八重表菊紋」。

3原文為「Peer's School」，即「華族學校」，該校自一八七七年起已改稱「學習院」，此處使用貼近原文的舊名。

4前者指赤坂御苑，後者是新宿御苑。

5足袋是日本傳統的分趾鞋襪，分隔大拇趾與其他腳趾，便於在外出時搭配木屐等鞋類。因其底部材料偏硬，有室內鞋功能，一般在室內會單穿足袋。足袋襪體不太具有彈性，故無法直接套上或拉下，穿脫需經由襪筒側面以扣子固定的開口。近代已發展出橡膠底、可直接當室外鞋穿的「地下足袋」，也有像一般襪子一樣具彈性的分趾足袋襪。

6原文為「Fletcherizing」，此動詞源自霍瑞斯·弗萊徹（Horace Fletcher，一八四九—一九一九）之名，弗萊徹提倡健康的進食方法，強調食物必須仔細咀嚼至稠狀後才可吞下，狼吞虎嚥有害健康。

7初代中村鴈治郎（一八六〇—一九三五），著名歌舞伎演員。

東京
四月一日
1

我們最近的活動五花八門；上星期在鎌倉待了三天，算進去程和回程的話一共四天。鎌倉位於海邊，是日本人的度假勝地，寒暑皆宜，至於歐洲人則喜歡到飯店度週末。夏天，外國人前往山區，日本人則選擇海邊，主要是因爲孩子在海邊比較有得玩，不過一部分也是因爲山區似乎需要經過學習才能懂得欣賞。鎌倉受到山地屏障，因此大概比東京溫暖十度。豌豆花開，櫻花樹株株盛開。不過，我們在鎌倉的那幾天又溼又冷，只有一天除外，我們塞進太多觀光行程，那天疲憊不堪。媽媽和我現在正在離開前努力拜訪完該見的人，也稍微觀光。我們今天去逛一間店，店裡提供日本古藝術品的精緻複製品，包括日本收藏的中國畫，我覺得遠比彩色版畫的複製品更值得買，不過我們還是收購了幾幅版畫複製品。戰爭在日本創造出許多百萬富翁，因此很多老貴族開始出售部分珍藏；我認爲價格即使對美國人而言都過高。古老的大名家族顯然夠有生意頭腦，懂得善用市場，雖然有些家族是因爲生活捉襟見肘才這麼做，他們也出售更多收藏。我們一週前去了拍賣室，裡頭滿是貨眞價實的古董，遠比在古玩店看到的東西精緻，這個週末還有一場侯爵舉辦的大拍賣會。但是，據說他們自己留著最好的東西，把次等物脫售給新貴階層；儘管如此，許多東西仍然不同凡響。

另一樣我還沒有寫過的經歷是觀賞柔道。柔道大師是師範學校的校長，[2]他爲我專門安排一場專家特別演示，同時由他預先解釋各部分的原理。演示在星期天早上舉行，地點在一間大柔道館，同時也有一對對學員在做「自由」練習；他們動作太快，我的眼力跟不上，只看得到有人忽然被過肩摔，倒在地上。柔道確實是藝術。教授學習古法、詳加鑽研，研究出其中的力學原理，然後設計出一套循序漸進而科學的練習。這套系統絕對不是一堆花招，而是根據基本力學定律研究人體的平衡、如何干擾人體的平衡、如何恢復自己的平衡及利用對方重心的轉移。教的第一件事就是如何倒地而不受傷，光是這點就值回票價，我們所有的體育館都應該教這件事。柔道不太適合取代我們的戶外運動，但我認爲柔道比起我們絕大多數的室內正式體操都好多了。更加強調心理因素。簡而言之，我認爲應該從刻意爲之的控制此一角度出發，詳加研究。請亞歷山大先生去圖書館借本哈里森的書（哈里森和他一樣是英國人），書名是《日本的格鬥精神》。[3]是記者寫的書，作者沒打算寫得太深入，不過讀起來很有趣，且據說內容相當可靠。我注意到練柔道的人腰身全都很纖細；他們一定從腹部開始呼吸。他們的二頭肌不是特別大，但前臂是我看過最粗壯的。我還沒看過有日本人起身時會仰起頭出力。日本軍人會用間接法深呼吸，方法事實上可以追溯回古代武士的佛教禪宗教導。不過，日本軍隊也採納了其他許多軍隊的現代體能鍛鍊。

這裡附近的庭園滿是盛開的櫻花樹——街上也到處是喝滿清酒的人。日本人顯然會挑季節喝醉，因爲我們直到今天才看到醉客。

1本信應出自約翰・杜威筆下。

2這位柔道大師是嘉納治五郎（一八六〇—一九三八），日本教育家、柔道家，由傳統武術柔術的技法發展出柔道，被稱爲「柔道之父」。

3此書作者爲歐內斯特・約翰・哈里森（Ernest John Harrison，一八七三—一九六一），英國記者、作家、柔道家，原書名爲《The Fighting Spirit of Japan》，一九一二年出版。哈里森一九一一年達到柔道黑帶初段，是第一位取得該段位的外國人。

東京
四月二日
1

我們今天也度過了美好的一天。今天早上很早起，動筆寫信，但儘管匆匆寫完卻沒有寄出，因爲我們斷定慢船太慢，相較之下，等晚一點出發的快船會更快。所以你們應該會一次收到很多封信。今天天氣晴朗，陽光燦爛，但一點也不悶熱，非常適合四處走走。我們去了藝術品店，拿昨天挑好的幾幅版畫，然後去拜訪一位政治經濟學教授，他也是國會議員，立場激進、頭腦非常清醒，也很有趣，就其活力、好奇心、興趣而言，很像美國人。我們四處走走，獲益良多，然後教授帶我們去岳母家用午餐。他們的房子是美輪美奐的日式建築，外加一間洋房，就跟許多有錢人家的房屋一樣；日式房屋和洋房毫無相似之處，後者遠遠不及前者之美。地毯、桌布、掛毯皆向德國人取經，日本人在這方面毫無品味，但是在他們的本行上還是非常講究。這間屋子潔淨無比。每寸地板都像鏡面一樣閃亮，現在纖塵不染，也從不曾惹上塵埃。讓我試試自己能不能精確描述我們受到的招待。我們搭上三輛人力車，越過山丘上櫻樹林立的狹窄街道，從街上可以看到有錢人家的美麗庭園從大門閃現、從竹籬上方現出蹤影，竹籬由又長又直、高約六呎的竹竿築成，用繩子綁在一起。竹籬翠綠動人。我們抵達宅邸之後，U先生帶我們到西式客廳，整體非常有維多利亞中期和德式風格。裡頭有漂亮的漆櫃，體積龐大，壓過房間裡的每件東西。家裡的幾位女主人走進房間，向我們鞠躬，她們非常平易近人，聽到我們感謝她們的殷勤好客，向我們報以微笑。首先是小姨子，十六歲的年輕女孩，想去美國，接著是祖母，完全是祖母應該有的樣子，負責發號施令。圍繞她們的孩子個個都跟我們的孩子一樣。幾位女主人親自爲我們端上茶，漂亮的青花茶杯，配上小小的漆面茶托和杯蓋。糖果隨茶送上，茶是綠茶。我忘了提到，和U先生共度的那一小時當中，我們已經喝了三次茶，而且是三種不同的茶，加上隨茶附上的小茶點。過了一會，我們被叫去用午餐。矮几上設了三個位子，擺上漂亮的藍色緞面坐墊。兩位年紀較小的女士已跪坐就位，準備招待我們用餐。她們爲我們倒葡萄酒、苦艾酒，我們選擇後者。我們每個人面前都有漆碗，蓋著蓋子，盛著普通的魚湯，裡頭有小塊魚肉和切成碎末的綠色食物。我們喝下湯，用筷子把小塊食物送入口中。祖母原本覺得應該要準備西洋料理，但是十六歲的機靈少女爲家常菜發聲，於是我們謝謝她們爲我們準備家常菜，因爲我們少有機會吃到眞正道地的日式餐點。除了女兒節上的人偶食物之外，這是我們第一次有這樣的機會，而且是由家裡的各位女主人招待。這似乎是我們獲得的至高殊榮，因爲唯有在他們要求外國人席地而坐、由家裡的女主人招待用餐時，日本家庭才眞正對外國人敞開。她們跪在矮几附近，侍女端來菜餚、遞給兩位女主人，接著女主人再將菜餚端給客人。眞是賞心悅目。我已經漸漸習慣跪坐，可以跪坐一頓飯的時間，但起身時相當笨拙，因爲腳一直到膝蓋頭都是麻的。我們喝了湯，吃了冷炸龍蝦和冷炸蝦，蘸旁邊的醬一起吃；接下來是裝在另一只碗裡的冷蔬菜，然後吃了熱炸魚；接著是一些小醬菜，然後是米飯（日本人吃好幾碗飯）、甜點，甜點從頭到尾都擺在旁邊，是冷煎蛋捲，非常美味，最後他們爲你送上茶，臺灣烏龍茶。我們也吃了吐司，但那是西式餐點。之後我們離開餐桌，被帶到樓上的房間，房裡有許多漆器、銅器、木器，然後我們又下樓，茶水和一盤水果已經爲我們準備好了。但我們沒有什麼時間享用，因爲他們要開車送我們去御苑。不過，最後一種茶一定要送上，於是茶端上之際，我們正在門口穿鞋。送上的是濃烏龍茶，裡頭加了牛奶，還有兩塊糖由你自己加進茶裡。於是我們在三小時內喝了六次茶。

御苑很難以筆墨形容。讀讀旅遊書，你們就會明白確實如此。上萬株蘭花是美景的開端。我們看到萵苣、四季豆、番茄、馬鈴薯、茄子、哈密瓜，全都種在溫室裡，供天皇食用。前所未見的完美萵苣，整顆萵苣都長在大小、排列一模一樣的框架裡，彷彿是人工製品，其他蔬果也都很美。爲什麼馬鈴薯要種在溫室裡？就別考我了。葡萄種在盆栽裡，看起來在溫室裡種葡萄似乎是初期培育階段，但或許並非如此，我不夠了解這些細小的藤蔓植物，不知道它們是否禁得起風雨。框架裡的花朵完美無瑕。大片的木犀草、雛菊，還有其他我不知其名的鮮豔花朵皆準備就緒，要放到為園遊會準備的花床上。我們十七號不能參加。他們正在搭建一個大亭子，覆上瓦片屋頂，供天皇和皇后在園遊會中落座，園遊會隔天亭子就會拆除，或者該說隔週，因為拆除要花一天以上。如果下雨，園遊會就不會舉行。看起來今天晚上雨好像會把花朵打壞。但白天天氣很好。以前讀了那麼多日式庭園的書，親眼看到這座名園，讓人有點詫異。園裡有大片寬闊的草地，沒有任何花卉，而且這裡的草不像我們那裡的那麼快轉綠，現在草地一片棕色，不過大片水仙花美麗絕倫。水仙花在櫻花樹下，陽光斜斜地灑落其上，構成永生難忘的景致。湖、河、瀑布、橋、小島、山丘皆巧奪天工，還有大型水鳥行走優游於其間，光是這些就值得一訪日本。樹木林立，優美無比，延伸如此廣闊，看上去就像一幅幅接連的圖畫。園區佔地一百六十五英畝，沒有任何建築。起初庭園位於城市的一側，毫無問題，但現在園子位在交通繁忙的軌道上，雖然仍舊屬於城市的外圍郊區。

我們星期一安排好再次到帝國劇場看戲。今天則是看偉大的演員鴈治郎在小劇場登臺演出。據說鴈治郎因為東京演員和經紀人的嫉妒而受到阻撓，來東京時得不到公平的機會。T先生（之前在芝加哥大學）剛剛來訪，打算為我們在臨行前安排一頓晚餐，餐會將在餐廳舉行，所有的老學生都會來。餐廳向來很有意思，我們當然欣然同意。這可能會讓我們在東京多待一天，不過事情尚未定案。剩下的時間裡，我們要盡可能彌補不足的拜訪，還要坐車四處賞櫻，我也希望可以見識大名鼎鼎的茶館。目前為止我們連一間茶館都沒見到，而且除了新潮的百貨公司之外，這座城市連一間適合女士的下午茶館都沒有，百貨公司代表的意義在此地和在我們那裡別無二致。這顯示了東京真正的淑女多不常邁出家門。

隅田川是一條大河，匯聚流自群山這側的條條小溪。河上滿是中式帆船和各種船隻，隅田川是許多歷史的中心，對東京這座城市如此，對整個國家亦然。

1推測本信出自愛麗絲・杜威筆下。

東京 四月四日[1]

鴈治郎，來自大阪最偉大的演員，正在這裡表演，節目非常精彩。鴈治郎搬演他們在紐約演過的一場戲，當時劇名是《武士道》，此外也帶來其他表演。化身男人的狐狸翩然起舞，真是美妙。想要以筆墨形容實在是徒勞無功。他的舞蹈不只是慢慢擺姿勢，不像我們看過的其他日本舞，但也不像俄羅斯舞者那麼狂野；鴈治郎在臺上獨舞，無人相伴，男女皆無。但是，他的舞蹈和俄羅斯舞一樣自由，同時卻又更古典。除非親眼目睹，否則你們永遠想不到人類的手掌、手臂可以做到什麼。他戴上數種面具，然後根據戴上的面具種類表演或跳舞。他無需舞爪就能做出動物的動作——跟貓一樣優雅輕盈。他是老鴈治郎之子。[2]

我們在東京最後幾天的行程太滿，沒辦法把該做的事做完。櫻花正全面盛開——這也一樣無法形諸筆墨，不過，如果山茱萸長得更高大點，花朵染上些許粉紅，但又不是粉紅色，就能有類似的效果，是就我所知最像的樣子。不可言喻的地方是樹上開滿花朵，沒有葉子；當然，木蘭花也是這樣，但是木蘭花粗獷，櫻花纖秀。我們今天去了博物館，這間博物館在某些方面更勝帝國博物館；天啊，看到你受不了爲止，還有漂亮的中國藝術品，除了繪畫之外應有盡有。

1 推測本信出自約翰．杜威筆下。

2 初代鴈治郎的父親是三代目中村翫雀，也是知名的歌舞伎演員。歌舞伎演員有襲名制，會繼承前人的名號作爲自己的新本名，名號常在家族、養子、弟子間傳承，故作者此處簡單提起鴈治郎是老鴈治郎之子，或許誤以爲鴈治郎直接承襲父親的名號。

四月八日 東京

1

我們其實正在收拾行李，明早八點三十分動身——我們會旅行一整天，直到下午四點爲止的第一段路是坐日本最快的火車。普通火車的時速大約十五哩——早期日本不幸採用了窄軌，又遵循眾所周知的安全第一原則。我們自從開始寫信以來，經歷了各式各樣、五花八門的事情，最有趣的發生在星期天，我們被帶到鄉間，既賞櫻，也賞飲酒作樂的人；這個時節就像嘉年華、像溫和的狂歡節，基調是亮麗的衣服、假髮、清酒，九十度左右的清酒。除了我們之外，也有一些人不是醉醺醺的，但爲數不多。人人都向我們練習他們知道的幾句英文，有個盛裝打扮的傢伙告訴我們：「我、卓別林。」他的模仿和大多數人半斤八兩。除了一場打架之外，我們沒有看到任何粗魯的舉動，也不是太過喧鬧，酒醉的心理影響顯然是讓他們傾吐心聲、展現自我。他們通常對彼此非常保留，但是星期天大家看來彷彿都向彼此吐露了最深的祕密和畢生的野心。那天，我們的主人隨時面帶最親切的笑容，就連碰到一個身穿大紅色女裝的傢伙堅持要站在踏腳板上搭車時，笑容一樣不改。日本人鮮少喝醉，因此他不太覺得對方是醉鬼，反而更像民俗節慶；大家眞的開心快意。

一條提供東京用水的運河兩旁種了綿延數哩的樹，樹種繁多，成長階段不一，從空枝無花到滿樹盛開，有些毫無葉子，有些長著漂亮粉嫩的小樹葉。花瓣從樹上飄落，幾乎像在下小雪，但樹上看來依舊滿樹櫻花。

昨天我們又去看戲，去帝國劇場，一行十人，佔滿兩個包廂。我們被帶到後臺，參觀了演員休息室等等，也被介紹給一位演員和他的兒子，孩子大概十一歲大，稍後也登臺表演，跳出非常優美的舞蹈。休息室裡有位老師在教他，他在學寫漢字，有人向他說話他才會抬頭，大概是我在日本看過長得最英俊、最聰明的小夥子。日本的演員實際上是世襲的職業。我懷疑沒有從小接受訓練的圈外人眞的有辦法表演嗎，即使眞有能耐，我也不認爲公會會讓他闖進來，儘管是有個英國出身的人在日本表演界相當成功。我們昨天看到幾樣很有意思的表演，包括舞蹈，也得知他們非常渴望到美國來，但他們想要有贊助人。如果演出的戲經過精挑細選，挑出動作多、臺詞少的幾場戲，然後唱詞也仔細加以解釋，那他們至少能轟動紐約。

我們的另一場盛宴是前幾天晚上在日式經典茶館的晚餐，有一段能舞表演娛樂大家，還有大概十二道料理的餐點。不過，最有意思的是和大家聊天。整體而言，我認爲我們比大多數人更有機會見到了解日本的人。我們沒有被納入官方接待，綜合各個面向，我認爲我們相當熟悉日本的社會狀況，程度就跟任何人在八週內可能了解的一樣多。經驗老到的記者可以在幾天內掌握這些，就資訊而言是如此，但我認爲整體情形必須浸潤在累積的印象中，才能感受到事件和背景。他們一開始告訴我這個國家正處在心理上的重大時刻，事事關鍵、事事重要，當時我不懂他們的意思，現在我也一樣很難訴諸文字，就像他們也辦不到，但我心中明白。日本鮮少展露變革的外在徵兆，但她身處的境況幾乎相當於五十年前左右，和西方接觸、開放的頭幾年，就做好改變的心理準備而言是如此，接下來幾年可能會看到快速的社會變革。

1本信應出自約翰．杜威筆下。

奈良 四月十二日[1]

喔，我們踏上旅程，第一次看見日本——就欣賞風景而言。第一天從東京到名古屋的車程很有趣，但除了富士山以外，也不是特別有意思，我們幾個小時一直斷斷續續的看見富士山，從三面欣賞。我們運氣很好，因爲有時候富士山看不見，而且那天晴朗溫暖。名古屋是日本最出色古城的所在地，即使是身處愚昧國度、無知的你們，或許也聽說過屋頂的兩隻金鯱。[2]結果城堡是皇室宮殿，要有東京核發的許可才能進去，不過我們還是著手設法參觀。我們在東京的X家碰到一位親切的年輕人，他來自奈良，於是我們打電話給他。雖然我們沒辦法透過他進城（他說他自己無論如何也不可能進得去），但他立刻邀我們共進晚餐。於是我們被帶到奈良一流的頂級茶館，再次享用精心準備的晚餐，他稱之爲茶宴套餐。我們從茶道儀式開始，有備好的茶粉但沒有儀式，每個人的茶碗皆順次分開準備。我們一致同意奈良的廚藝比東京高明，食物更有滋味，味道也更豐富，東道主聽了很開心。我們對大約四吋長的鱒魚表示好奇，鱒魚似乎裹著焦糖的糖衣，然後才得知鱒魚是放在一種酒裡烹煮，酒留下了甜味；他們便送我們一瓶這種烹飪用酒，叫作味醂，於是我們現在拖著玻璃瓶旅行。晚餐之後，主人說希望我們不要認爲他這麼做很失禮，但是他邀來了名古屋最棒的三味線樂手和歌手，還邀了幾位舞者。換句話說，幾位藝妓被介紹進來，在大衛王面前彈奏樂器、載歌載舞。表演者的程度參差不齊，從路人合唱團等級到一流女演員都有，而且她們算是能手。他說希望能讓我們看一些日本正宗的東西，很少有外國人能看得到，他指的是餐廳和舞蹈。如果不是老顧客、老朋友，這些有格調的地方不會願意隨便接待客人。不過，爲宴會表演的這些女士認爲他特別喜歡其中一個女孩。我個人認爲舞蹈和音樂比旅遊書上說的有意思得多。

隔天我們去了樸素的伊勢神宮，抵達時大概兩點，又煩又餓，但還是必須先參拜完，尤其天氣又不好。山田是神聖的伊勢神宮的所在地，非常優美，山丘蓊鬱，小溪潺潺。樹木大部分是柳杉，顯然是加州紅杉的親戚，雖然遠不及加州紅杉高大，但給人的感覺差不多。這個地方很可愛，一如往常的充滿成千名揹著布包（如字面意義所言，是老式的布魯塞爾毯製旅行袋[3]）的參拜者。一如之前報告過的，我帶了借來的男士長禮服和大禮帽。我們的嚮導說女士不必穿特別的服裝。我盛裝出席，神宮祭主已經收到東京來信，知道我們即將來訪，因此爲我們安排好時段。潔淨儀式在最外面的門——鳥居——舉行。我們從小小的儀式用杯和水盆將水倒到手上，然後神官向我們撒鹽；除了我們，沒有其他人接受儀式。接著我們來到柵門，這時他們告訴我們，沒有「參拜服」（天曉得是什麼）的女士不得入內，但是我應該受到等同帝大教授的禮遇，因此可以進入。我忘了提到，我們前面有位憲兵，把平民從我們的路上趕開。我們跟在神官身後緩緩行進，踩在從海邊運來的碎石上，穿過木柵圍籬，來到圍籬旁的指定位置，他們允許我站得比日本嚮導更靠近大門；我們參拜（就是鞠躬）。我不得體地太快鞠完躬直起身，我想我們的日本嚮導在那裡至少站了十五分鐘。

1本信出自約翰．杜威筆下。

2原文爲「dolphin」（海豚），作者描述的是名古屋城著名的「金鯱」，「鯱」是日文漢字，指虎頭魚身的幻想動物，常見於日本寺廟、城堡的屋頂。

3毯製旅行袋（carpet bag）是以地毯製成的旅行袋，流行於十九世紀，比行李箱更輕便。布魯塞爾地毯（Brussels carpet）是一種機織地毯，相傳發源於布魯塞爾。

京都

四月十五日[1]

我們到了日本的佛羅倫斯，如果情況允許，可以看的東西比義大利更多。我們今天碰到雨天，對於一整週馬不停蹄的觀光而言，或許是個好的開始。今天早上，我們在山中商會[2]的店鋪度過——這是我見過最美的店，由最優美的日式房間組成，比例完美，充滿琳琅滿目的精美藝術品。但品目仍能依據正宗日式風格恰當地分門別類。我買了一件紅色錦緞，是不同布塊拼起來的袈裟，陳舊紅色上有金色和一些深藍色的圖樣，牡丹和鳥。這是佛教僧人行進時披在左臂上的衣袍。我們拿到證書，證明這件東西的歷史超過百年。袈裟大約五呎長，一呎寬，構成袈裟的布料共分四條，在邊緣處縫合，布料角落因此呈現拼接風格，但圖樣全都完美吻合。大部分的布料都先織成長條，然後再縫在一起。我買了另一件紫色的錦緞，上面有華美的大鳥，然後同樣也有牡丹。我喜歡錦緞上的牡丹，遠勝菊花或其他小朵的花。有些精美的錦緞有石榴圖案，也很誘人，但我沒有買最漂亮的東西，因爲我打算在中國好好花錢。我還買了旅館房裡的一組漂亮茶具——價格是日幣三十錢，[3]也就是這茶壺加上五個杯子共花了我十五分美金，茶具是帶藍色裝飾的灰色陶器。也有更便宜但一樣漂亮的茶具。明天我們要去的寺廟是茶道發祥地，我們也會參加茶會，儀式由方丈爲我們舉行。你們最好拿本旅遊書讀一讀他們怎麼寫京都的寺廟，因爲這裡的寺廟多到信裡寫不完。市府派汽車送我們到這些地方。幸好我們有車，因爲京都從具有古都規模的時代以來已日漸萎縮，就像果殼裡的堅果，因此寺廟之間相距甚遠。後天我們要去皇宮，馬不停蹄，越來越胖。

天氣和春日都很美好。我們到京都時櫻花已經謝了，不過楓樹的新葉呈現可愛的綠色、紅色，現在整片大地就是樂園。此地離山丘比佛羅倫斯更近，群山更高大，於是京都坐擁種種自然之美。我們在這裡應該只待一週，接著要去大阪，大阪是人偶劇場的所在地，也有演劇學校，學校由鴈治郎領導。我們想看人偶劇，因爲人偶劇是日本所有表演的源頭。劇場有許多傳統是以人偶的動作爲基礎。

京都在許多方面都是這世界能展現的最美好的事物，夢想般地結合自然和藝術。這些令人讚嘆的寺廟規模宏大，寺廟由天然的木材建成，寺內滿是繪畫，還有古老不知名的雕塑，讓人深深著迷，不禁覺得一定還有更多其他世界存在，畢竟一個星球上就存在這麼豐富多樣的想法和感受，我們生活時茫然不覺其全貌，甚至對其規模的局部也毫無所覺。我們今天參觀的庭園是古日式庭園，原封不動地呈現一千年前的原貌，一千年前他們借用中國、印度的古老概念當作模範。東京的寺廟看起來像是老舊時代的破舊遺跡，但京都的寺廟藝術依舊完美，保存得完好如初。第一座佛教寺院，同時也是茶道發祥地，其造景仍保存當初布置的同一條河、同一座島、同樣的小沙堆，全都是縮小版，種著縮小的樹木，一切都在模擬中國的實景，彼時中國是文化之邦。[4] 現在據說中國甚至連原物都已毀壞，過於年久失修，看到的人個個大失所望。五十年前，他們在奈良這裡廣告拍賣，五層樓高的優美寶塔賣五十日圓。顯然需要某位美國百萬富翁去買下中國的龐然大門、寶塔、寺廟，將它們贖回，以免全面湮滅。日本人是唯一及時醒悟的民族，體認到這些歷史文物的價值，幾間寺廟在舊建材腐爛到無可挽回之前進行重建。木頭用在這裡這種龐大的結構上，眞是壯觀的建材。世界上最大的鐘高十二呎，大鐘先被抬到高高山丘的山頂上，然後掛在鐘樓壯碩的樹幹上，鐘樓的屋頂向上翹起，比例宛如花朵。我們週六應該會聽到鐘聲敲響。我們聽過奈良大鐘的鐘聲，鐘有九呎高，從來沒有想過能聽到這麼深沉的聲音。鐘以漂亮的青銅鑄成，鐘聲醇厚悠揚，不管你存在的核心是什麼，鐘聲直抵核心，讓你由衷希望更遙遠未知的審判日會是像這聲鐘聲的呼喚。

我們和D小姐共進午餐。她說了很多故事，告訴我們日本女孩多努力爭取受教育，會讓你想賣耳環（就算你沒有耳環）捐款給這些理想主義者。她們是開拓者，就像我們砍樹拓荒的祖先一樣，不過她們無樹可砍。D小姐說，希望我回美國，到每一處公理會教會去，告訴大家一定要捐款到日本，讓人民受教育。

有一天我們坐市長的車四處走走，隔天大學爲我們雇了一輛車，我們縱容自己享受自己配不上的種種禮遇，有時候會想結束之後我們是不是應該自我了斷，才對得起我們的名譽。日本人確實性格高尚，具有種族平等的資格。

我想找個安靜的好地方下榻，再回來更仔細地觀光。牆上的壁畫大都毀壞了，但是掛軸、屏風、卷軸，樣樣都很美，我很高興可以說，我們已經不再認爲這些東西畸形古怪，而能感受到他們的美。一旦你們明白地上的樹眞實不虛，也明白他們看起來就像畫中樹木向來的模樣，那麼你們就能開始欣賞畫筆下的自然和人性。

1本信應出自愛麗絲．杜威筆下。
2山中商會由山中吉郎吉兵衛（一八四七—一九一七）創立，爲二十世紀上半葉國際一大古董銷售商；明治時代起便在歐美設立分店，外銷日本藝術品，一九〇〇年代起大量採購中國文物銷售西方。

3 舊時日幣單位，一錢爲百分之一日圓。

4 指的是京都建仁寺。日本臨濟宗創始人榮西禪師（一一四一－一二一五）曾赴中國天臺山萬年寺留學，一二〇二年在鎌倉幕府將軍支持下，仿照南宋時期的百丈山（江西百丈寺）建立建仁寺。榮西返國時由中國帶入茶種，使得喝茶習慣於日本普及興盛。

京都 四月十五日[1]

今天下雨，我們幾乎沒做什麼。我們昨天中午抵達京都。旅館在山丘旁邊，展望的景色優美，旅館本身也很不錯，不過奈良那間飯店（由帝國鐵道廳經營）是我們迄今所見絕無僅有的一流飯店。下午，大學[2]派了一輛車來，我們坐車到郊區一個知名賞櫻景點——現在賞櫻爲時已晚，不過河流、山丘、森林都很美，我們也看到一如往常的有一大群人在享受人生。看大家出門的樣子，形形色色的人，還有他們在戶外、在茶館享受的無窮樂趣，眞的很美妙。我從來沒到過哪個地方像日本一樣，每天都像在過節——大家顯然一樣喝了清酒，但喝得不多。

這個月，有齣特別的藝妓之舞在這裡一間培訓學校的附屬劇場上演；舞蹈長度一小時，連續重複四、五個小時。我們昨晚去看了；相較於戲劇裡的舞蹈，或是相較於我們在奈良看到的一小支藝妓之舞，這支舞蹈更偏向機械地擺姿勢，不過顏色的安排和處理布景的方式都令人讚嘆。一共有八個迥異的場景，換景花的時間前後不到一分鐘。有一次是簡單把布幕從活門拉下去；另外一次，在布幕前面看起來像帆布墊的東西被拉起來，原來其中一面畫有布景。不過，每次換景的方法都不一樣。

市長邀請我週六下午對老師演講，演講結束後市府邀請我們享用日式晚餐。市府不必用車的時候，出借公務車（顯然是市府唯一一輛車）聽憑我們差遣，他們也安排好下週一帶我們參觀瓷器和紡織工廠。京都是日本藝術生產的重鎮，古今皆然。大學方面也致電東京，爲我們取得參觀京都宮殿的許可，不過據說比不上我們錯過的名古屋城。在奈良的時候，我們大部分時間都在參觀離奈良數哩遠的法隆寺。我不會像百科全書一樣交代來龍去脈，我只告訴你們，法隆寺是一千三百年前佛教傳入日本的重鎮，這代表著文明，特別是藝術，法隆寺有許多當時的壁畫（可惜已經淡去），還有許多雕塑；雕塑說的是木雕，因爲這裡當然沒有大理石。嗯，那天正好是聖德太子的生日，聖德太子就是前面提到的佛教傳播的推手，有很多聖德太子的雕像，兩歲、十二歲、十六歲的雕像最受喜愛；他的虔誠眞是少年老成。緣此之故，所有東西全面開放。可以窺見各式各樣的東西，攤販林立，參拜者比平常的數百人更多，他們結合玩心和虔心的方式就連義大利農民也要敗下陣來；他們有錢就花，一毛不拔不是日本的惡習。喔，我們被帶到方丈的庭園用午餐；方丈當然很忙，但他穿上華美的衣袍迎接我們，然後送上茶和米果。這座優美的小小庭園和一牆之隔的鼓聲、叫賣攤販，還有叫賣攤販和尋常叫賣聲之外美好古老的藝術殿堂，這個對比就跟日本的任何東西一樣有趣。

你們可能記得E小姐很高，即使以美國女人而言也是高個子。媽媽對鄉下人而言値得一看，但E小姐則是奇觀。好奇心顯然是日本人唯一沒有被教導要隱藏的情緒。他們有幾十人聚集過來，眞的是幾十個人。我不知道看過幾次父母要確保小孩不錯過精彩好戲。我看過好幾次有人緩慢鄭重的仔細繞著我們走，確保他們什麼也沒漏掉。沒有任何冒犯之意，純粹是好奇而已。我們早餐過後要去博物館，此時幾個小孩——小女孩——現身、鞠躬。我意識到的第一件事是她們其中一個握住我的雙手，一起送我們到博物館——都是九歲、十歲的小女孩。看到她們這麼友善眞讓人感動，特別是一個明顯較窮困的孩子，她會抬頭看我，笑一笑，捏捏我的手，把我的手往身上抱緊，然後又開懷地笑。我還沒辦法研究出小孩到幾歲爲止率性而爲就不再得體。星期天早上，有些軍人要出發去滿洲（或韓國），不到八點，我們就聽見街上急促的腳步聲，上百名男孩、女孩和老師一起邁步走向車站；隔天早上也發生了一樣的事，他們是去替軍人送行。

1本信應出自約翰．杜威筆下。
2京都帝國大學，即今日的京都大學。

京都 四月十九日[1]

我們剛從另一場藝妓晚宴回來，由市長和大概十五位市府官員招待。爸爸相當得意，因爲他們說這是京都市第一次用這種方式招待學者。不過，如果他洋洋得意，身爲有史以來第一位在日本男性宴席登場的女性，我又該做何反應？藝妓的年紀小到十一歲、大到五十歲左右都有。其中一位較年長的藝妓是京都市最傑出的舞者，她爲我們表演一首美妙的默劇舞蹈，迷人至極。她曾經因政治活動入獄，所謂政治活動包括主動發放款項，好讓她青睞的人當選。這裡女性參與任何政治活動都是違法的。跟我見過的這個階級的其他年長女性一樣，靜下來時，她的臉上也帶著憂傷的表情。不過，她們全都忙著談話招呼，因此這份憂傷不爲男人所見。就我們看來，她們是一群教養非常良好的女性；當然，我們只見到最一流的藝妓。她們說話時像公爵夫人一樣泰然自若，也像孩子一樣善良。眞是稀有的組合。她們對我們很好奇，問了各式各樣的問題。一個十七歲的女孩說她喜歡小嬰兒，問我生了幾個小嬰兒？我說五個，她聽了很高興。她有玫瑰花蕾的小嘴，就跟舊版畫一樣，跳起舞來也是舊版畫上的姿勢。女孩們遞上酒水跟白飯，白飯在這類宴席總是最後上桌。十一歲的小女孩跳了一支舞，叫作〈登富士山〉。步步難行的動作維妙維肖，完全讓你覺得自己也和她一起在爬山。表演到一半時，她戴上雙頰鼓起的面具，然後擦擦汗、洗洗臉，幫自己搧風，接著又繼續前進，步履維艱。所有動作都高雅優美無比，細膩曲折，絕不會出現突兀或突然的動作，而且不論就什麼意義而言，動作都不太直白。跳完舞之後，她過來坐在我身邊，她的皮膚發燙，好像在發燒一樣。男人個個年紀較長，我必須說他們待她非常和藹。

這類宴會就是這樣進行。我們脫鞋穿著襪子進餐廳，通常會先被帶到小房間，跪坐在坐墊上，一邊喝茶，一邊等所有客人到齊。我們這次大概六點被帶到大房間，大房間總是由金屏風和拉門圍繞，拉開之後就是窗戶。坐墊大概每隔三呎間隔地擺放，擺在優美長型房間的三側。在其中一邊的中間，坐墊疊起，這樣外國貴客可以坐在上面，不必日式跪坐。等所有客人一位接一位被帶上來之後，我們才就定位。我們跟大家握手，因爲他們的鞠躬太難，而且他們也習慣我們的方式了。然後我們全都再次蹲下。接著美麗的侍女進來，滑步穿過房間，每個人手上都端著小小的桌子。第一張給爸爸，第二張給我，接著給市長，以此類推。市長坐在最底端。每個人面前都擺好餐桌之後，市長走到房間空地的中央，發表簡短的歡迎致詞。他一直說很抱歉招待不周，貴客光臨榮幸之至，但他卻沒辦法招待得更周到，他也說這是京都市第一次用這種方式宴請外國學者。然後爸爸盡力得體地回應，他坐下之後，我們拿起漂亮漆器湯碗的蓋子，也拿起筷子。你喝一口湯，從小小的碟子夾起又薄又滑的生魚片，蘸醬，然後送入口中。今晚的第一道湯是濃郁稀有的綠蠵龜湯，非常美味。你把湯喝完，再吃一些魚，不過我們的嚮導警告我們別吃太多生魚，因爲我們不習慣生魚。這時另一個漂亮的漆器托盤放在你身邊的地上，托盤上擺著小小的漆器托盤或餐盤，盤子盛著兩條小魚，煮成完美的褐色，佐以兩小塊煎蛋和魚粉，仔細捲在櫻花葉裡。每道菜的擺盤都是藝術品。這兩條小魚是先皇的最愛，你完全可以體會。魚肉用味醂烹煮（味醂是一種清酒做成的甜酒），你用筷子盡量把肉從骨頭挑下來吃。這道托盤一擺好，你就會看到可愛的小女孩現身，她身穿亮色和服，衣長曳地，手裡拿著青花瓷瓶，放在小小的漆面瓶墊上，於是你知道宴會的好戲正要開始。她身後跟著年紀較大的女孩，一次一位，舞者接連慢慢登場，她們鞠躬到地，同時為大家倒清酒。她們笑外國人的應對方式，外國人老是忘記客人要負責遞出小酒杯，領受這毒物。大家互敬身體健康，我的清酒只喝到這裡，但日本人一喝再喝，一杯一口飲盡，然後伸手要更多酒。談話更加熱絡，女孩子也加入更多談話。有些人說藝妓是日本唯一有意思的女人。不管怎樣，除了我之外，沒有其他太太在場，女孩子個個經過精心調教，只要一有聲音或手勢稍微示意，她們就立刻動作，始終又快速又非常開心地照顧每個人的需求。她們一注意到我們不喝清酒，立刻為我們送上好多瓶礦泉水。接著她們表演優美的舞蹈。兩個女孩（十七歲左右）

跳的舞叫作〈京都東山暮色〉。名古屋也好，東京也好，不管在哪裡，主題一定是和附近大自然相關的自然事物。總是簡單而雋永。接下來，知名的年長舞者帶來細膩的表演，叫作〈保母哄睡孩子〉。這也是受歡迎的題材。表演很優美，但有時太過隱晦，我們無法領會所有動作。這些女孩都穿深色和服，跟小姐夫人一樣，只因職業的規定而略有差別，像是背面的領口較低，還有和服全長及地，波浪似的拖曳在她身邊。年輕女孩的腰帶也不一樣，腰帶綁成長長的結，垂到地上。年輕的藝妓還戴著亮麗的髮飾，衣袖非常長。不過，其他年輕女孩盛裝時一樣會穿衣袖長長的和服。

還有其他魚料理；中間穿插的一道料理是四顆草莓、兩片柳橙、切丁的薄荷凍、甜竹筍切片。接著還有更多道魚料理，很多是淺色貝類，肉通常比較硬。下一道料理是酸黃瓜沙拉和小塊的龍蝦或蟹肉美味地拌在一起，非常可口，有這麼多道魚料理，任何酸的東西都爽口。最後是一碗碗白飯，白飯裝在漆器大盤子裡，用蓋子蓋著，看起來像小桶子。白飯由一位年長舞者盛到碗裡，再由年輕舞者遞給大家，她們從跪坐姿勢起身時踮著腳尖就輕鬆站起，彷彿身體毫無重量。許多日本人都依慣例吃了滿滿三碗飯，而且吃得很快。我必須承認他們的飯很美味，但我吃不下一碗以上，一部分是因爲我不能狼吞虎嚥。最後結束時，你的碗裡會倒滿茶。

在宴會進行的同時，房間裡坐在其他位置的紳士紛紛跪坐在你面前，一次一位，問你喜不喜歡櫻之舞，你對日本的第一印象是什麼，諸如此類的談天，然後你也和舞者成了知交好友，或許除了「謝謝」、「很好」、「再見」之外沒有共通語言，不過你們隨時面帶微笑，偶爾有懂一點點英語的人幫忙翻譯。有件事是大家毫不期待的：外國人懂一點日語。因此，你一旦冒出一兩個笨拙的日語單詞，就有笑聲爲你喝采，稱讚你發音標準。今天晚上，我們吃到非常非常小的小綠椒，放在其中一道料理當蔬菜。很好吃，因爲很有滋味；跟髮夾差不多大的三個小綠椒放在一道菜裡。他們往往只會給你分量很少的食物，而且通常會提醒你用餐時剛開始不要吃太多。茶宴晚餐的白飯一開始就會送上來，因此可以配魚一起吃，這是個不錯的變化，不過大家會告訴你不要吃太多，因為後面還有其他料理。我忘了提到，中間一定會有一道料理，是用清湯（而非牛奶）做的熱卡士達，以蔬菜調味。這道菜也很好吃。其實我現在喜歡上這些魚料理了。

我們坐進餐廳門口的汽車時，開心的小舞者全都站在門口，在雨中以美式風格揮手，直到我們消失在視野中。之後，我猜這些疲憊的小東西要回去為更多男人跳舞。我們到家時八點三十分。日本這裡的晚宴時間似乎都很早，除了所謂的西餐，西餐晚宴在時間和風格上都遵循我們的標準。

我一定要跟你們說，日本最好的茶種在這裡附近一個叫宇治的地方。我們在市政廳演講結束後喝了宇治茶。濃到極致，風味獨一無二。檸檬般的酸味，但一點也不苦澀；留下甘美順口的餘韻，有點像無甜味的雪利酒，整體而言非常好喝。宇治茶這裡一磅至少要十日圓，但我應該會買一點回家。這裡非常好喝的普通茶葉一磅賣十五錢，也就是美金七分半。

1本信出自愛麗絲·杜威筆下。

京都

四月二十二日[1]

今天我們被帶去參觀學校——第一所是男子高中，然後是一所小學，大門升起美國國旗，和日本國旗齊飄揚，向我們致敬，眞是好極了。學童爲我們帶來種種精彩的表演，他們有節奏的行進，一個小小孩在一旁打日本鼓，他們表演得很好。接下來去了紡織學校，教織品設計、紡織、染色，學校不知何故品質低落，學生很少。機器老舊，是德國的過時機器。事實上，機器看來彷彿都是二手出清品，出售機器的德國人似乎希望這些機器永遠一事無成。雖然他們藉水力發電得到優良電力，但這裡最好的東西仍然是手工製。接著我們去了女子高中，和女子大學設在一起，訓練普通高中的老師。這是京都的精英上的學校，這所學校就跟其他學校一樣良好優秀。該校專精於家政，我們享用了校方準備的精緻日式午餐。上述行程都是坐市長的車前往，跟我們大部分其他的行程一樣。

日本眞的是學者受人景仰而非輕視的國度。我因爲在帝國大學講過課，正式成了「閣下」。大阪市不想被京都比下去，因此我也要去大阪對老師演講，市府會在飯店招待我們，市長要在飯店宴請我們。當然，媽媽是宴會上唯一一位女性，因爲他們不會想到要邀請自己的妻子。但是，他們預期外國女性特立獨行，而且他們對外國女性非常禮貌。藝妓似乎是唯一受過全方位教育的女性——不是說她們博覽群書，而是說她們知曉世事，能夠聊天也願意聊天——我認爲男人之所以參加宴會、和藝妓聊天，是因爲他們厭倦自己的妻子太過聽話，總是百依百順。我們參加的宴會上，有位藝妓人稱「歌蝶」，小名是「憲政藝妓」，因爲她對政治似乎很有興趣，尤其是自由派。[2]她因爲對政治感興趣而鋃鐺入獄，聽到這裡，我們坐直身子、打起注意，結果她坐過牢是因爲賄選，要選民投給她感興趣的男人。但總之她是當地名人，入過獄顯然爲她更添風采、聲名更盛。

1本信出自約翰．杜威筆下。

2推測所指爲祇園藝妓川勝歌蝶（一八八〇—？），是日本「憲政之神」尾崎行雄（一八五八—一九五四）寵愛的藝妓。一九一五年曾因其夫奧村安太郎違反選舉法而連坐入獄。

四月二十八日

熊野丸船上

航向中國[1]

昨天的演講很成功，比其他場都順利。演講場地是在學校大禮堂，一如其他幾次的演講場地，室內布置得很美觀。那兩個小時我一直在欣賞講桌兩側的漂亮粉紅杜鵑和松樹，這兩株植物各約五呎高，造型得很討人喜歡，其中杜鵑木上大概有一千朵盛開的杜鵑花。在國內時，我們對刻意養成矮株的喬木和灌木所知甚少，因爲接觸到的樣本都非常小，比起在這裡看到的，不僅外觀不佳，也欠缺趣味。這類型的植物在這裡隨處可見，每間小商店裡，在雜亂的二手商品或廉價新品堆中間，就會有一株嬌小迷人的梅樹、松樹、杜鵑或紅莓樹；我們在溫室裡看過樹上結著兩顆梅子，也常看到覆滿果實的小巧橘子樹。白桃樹最是討喜可愛，跟玫瑰一樣是重瓣的花朵，而且完全靠人工培植出來。

煙霧散去了，可以清楚看到岸邊的山丘。船的另一側就是淡路島，[2]表示我們正經過兩座島嶼中間，景觀很像聖羅倫斯河上的千島群島。[3]我想這就是內海[4]的入口吧。天氣還算好，我們離岸不遠，很容易就能看到陸地。有許多日本女士跟著丈夫待在甲板上，看起來很開心。她們臉上撲著米蜜粉顯白，穿著紫色羽織，[5] 美麗動人。她們大概覺得不必在船上大費周章結了腰帶再披上羽織，所以比起在講究時髦的東京，現在看上去不那麼駝背了，更是好看。我很喜歡她們穿的襪子，這種襪子使她們維持著傳統身段。[6] 襪子並未遮蓋到腳踝以上的部位，走路時必須特別注意，才不會露出腿部，或使和服正面下襬大幅晃動。這種叫「足袋」的襪子將腳拇趾與其他趾頭分開，穿起來就像打著赤腳，感到腳趾終於發揮該有的用途，行走時腳可以緊貼地面。我帶了一套棉製和服去中國，天熱時可以搭配足袋在房裡穿。如果不纏腰帶，單穿輕薄的和服非常涼快。薄透的絲綢堪稱日本最美織品之一，材質也夠硬挺，能夠維持造型又經久耐穿。

藝妓服裝與女士典禮正裝極爲相似，尤其是底色爲黑且下襬有裝飾圖案的款式。小女孩們都很可愛，好幾個都不過八、九歲，穿著精緻的衣裳，配上與自己角色相稱的髮型與髮飾。櫻花季時會穿搭亮眼的孔雀藍，在大阪則會飾以彩色與金色的蝴蝶。三味線演奏者年紀較長，穿著比較樸素，大都是全黑或純藍，鼓手則相對年輕、服飾鮮豔。小女孩都是一口爛牙，我甚至問她們是不是特意把牙染黑的。她們的舞蹈美妙又富詩意，闡述著極為細膩的主題，無論是在概念或是動作上均無粗糙之處。大家都說，藝妓是世界上最無私大方的人。或許所有女人都是如此；她們辛勤付出卻不張揚，更凸顯出其中的辛苦。有人問我對日本女性的看法，我說，她們做了這麼多，卻沒有獲得相對的重視。但他們卻說：「不是這樣的，我們只是沒有表現出來，但心裡非常感激。」

1本信出自愛麗絲．杜威筆下。

2日本西部的島嶼，面積小於臺北市與新北市面積總和，東北與本州的京阪神大都會區隔海相望，西為四國，南面太平洋。

3千島群島（Thousand Islands）又稱千島湖，位於美加兩國邊界，因在聖羅倫斯河（Saint Lawrence River）與安大略湖（Lake Ontario）交會處，有上千個大小島嶼羅列而得名。

4日本本州、四國和九州三大島圍起的海域稱瀨戶內海。

5羽織為日本傳統服飾中的大衣，穿在和服外，主要功能為禦寒，也是正裝禮服。明治、大正時代流行的女性羽織為長款，長度可及膝下。

6穿著和服行動不易，足袋襪筒可直立，能提供支撐。室內單穿足袋時，因為其材質為滑順的棉布，故可半滑行小碎步前進。

中國篇

（一九一九年五月一日至八月四日）

上海　五月一日[1]

我們在中國過了一夜，但沒留下什麼印象，因爲還沒開始探索這個國家的眞正樣貌。我們將上海與底特律、密西根做了比較，除了這裡煤煙較少，其他都很類似。大家都說這是個名副其實的國際都市，但我還不清楚是怎麼回事，各國在這裡似乎都有各自的郵局、門庭。[2] 昨天，我們有一小段路搭車，發現汽車不能進中國城，因爲他們沒有那個區域的行駛許可。

我很想知道在這個歷史悠久的國家，是不是跟日本一樣能夠自在地談論「萬世一系」。日本可考的歷史始於西元五〇〇年左右，傳說歷史則上溯西元前五百年，但仍是個歷經無數時代的國家。儘管人民千年來都不讓天皇擁有話語權，還以稀鬆平常又洋洋得意的態度推翻舊天皇、換上新天皇，但依然教導後代，日本自古以來未曾改朝換代。連在給外國人的書裡也這麼反覆強調。當然了，他們因而對此深信不疑，但並不完全是在理智上相信，而是在情感與實際層面有其必要；如果有爲人師長者敢質疑這些歌頌愛國主義傳奇的出版品，大概飯碗就不保了。不過，聽說大學裡的歷史教授會在授課時，口頭批判這類傳奇思想。我們在大阪市參訪高等小學[3]時，旁聽了五堂歷史與倫理課，課堂上都會討論到天皇，有時談天皇及其對日本的貢獻，有時則是探討特定一位天皇。顯然這樣的信仰[4]似乎有其必要，這個國家當年分崩離析，幾乎沒有什麼人事物能夠連結起全國人民了，天皇於是成為日本統一而現代化的象徵。不過這種崇拜情感勢必會成為他們擺脫不了的重擔。聽說日本最狂熱的愛國分子就是小學教師，至今不只一人為了從火場中搶救出天皇肖像，而讓自己或學生活活燒死。[5]他們這麼做一定是出於愛國情操，而不是為了薪水——現在的生活開銷上漲了，他們那點工資根本難以滿足基本生活需求啊。

1本信由杜威夫婦合寫。

2清末民初，上海設有各國租界，因此可見不同國家在租界內的領事館、客郵（海外郵政辦事處）等代表機構。

3日本明治維新至二次世界大戰間（一八八六年至一九四一年）學制下的教育機關，原先是四年制，約當今日的小學五年級至國中二年級，一九〇七年後改為兩年制（約當國中一、二年級）。

4 舊時的日本史書宣稱天皇爲「萬世一系」，即所有天皇都來自同一家族，未有皇室更迭；而日本傳統神話更認爲天皇乃太陽神天照大神的後裔，此一說成爲該國君權神授理論的依據。在明治天皇時期，政府將神道信仰發展成「國家神道」，天皇被視爲神聖而不可侵犯、以人姿存於現世的「現人神」。

5 天皇夫婦的照片，稱作「御眞影」。明治維新至二戰這段時間，日本政府曾發放御眞影，讓民衆懸掛在住家及學校，更曾在校園設立過供奉御眞影的「奉安所」與「奉安殿」，並有派駐人員夜間巡邏保護肖像。遇天災時，須先搶救御眞影，因此常有師生爲此喪生，也有校長爲了沒保護好御眞影而切腹自殺。

上海 五月二日[1]

我們由一個接待委員會照料，組成委員會的是幾位中國紳士，他們大部分都是留美歸國的學生。[2]「歸國學生」在此地是指某個特定類別的人物；如果有朝一日中國強盛起來，美國大學勢必因其功勞而同享榮光。他們帶我們參觀了一間中國棉紡織廠。日本有所謂的勞動法，但中國卻沒這東西，甚至連假裝有也免了。工廠雇用了六歲的孩子，雖然爲數不多。紡棉的工人以女人爲主，他們的工資是一天墨銀三角，[3]至多也不過三角二分。織布工人則是按件計酬，一天最多拿到四角。

接下來，我要講講我們在短短一個下午吃了多少東西。首先是中午吃了飯店的全套大餐；四點左右去了報社，[4]又享用了茶點。接著前往一位滿族大官員的千金住處。她是一位裹著小腳的婦人，擁有十個孩子，曾爲倡議廢止納妾制度的徵文比賽提供獎賞。所謂的納妾，就是一夫多妻制。他們說，富人間依然維持著納妾的習慣。我們在滿族千金家喝了一款很稀有的茶（是我們前所未聞的茶款），又嘗了兩種包著肉餡的小糕餅，味道奇特但相當可口，還吃了蛋糕。然後去餐廳用晚餐。我們一開始搞錯飯店，等待的時候，他們還招待了茶水。令人訝異的是，我們離開時，飯店並沒有要求收費，還謝謝我們來錯地方。後來我們終於到了正確的飯店，就在對街。他們說這一帶像是紐約百老匯大道與四十二街的路口，[5]的確如此。這兩家飯店旁有一片廣大的屋頂空中花園，下面的大樓裡各有百貨公司，兩家飯店便是由百貨公司所經營。胃容量大於記憶容量，這大概是對於人性一種可悲的評語吧，但我們昨晚就是這樣。我們先到了一間全採中式擺設的房間，中央擺著一張小圓桌，一側放了幾排凳子，是供歌女坐的。這裡的歌女不跳舞。那些椅子沒派上用場，因爲所有的年輕中國人都覺得這種場所不太體面，想趕快離開。邊桌上放著一些帶殼的杏仁，精緻而小巧，跟我們常吃的不太一樣，而且相當香甜。旁邊還有些乾燥的西瓜子，殼不好咬開，我就沒嘗了，倒是在場所有中國人都津津有味地嗑著。後來又來了兩位曾在紐約留學的女士。大家都熱切地使用英文溝通。

桌上有小火腿片、有名的皮蛋（味道類似水煮蛋，看起來像深色果凍），還有幾碟甜食、蝦子等。我們自己用了筷子夾，但他們仍堅持爲我們準備小盤子，每種點心各用勺子舀了一些，盛在裡面。品嘗了這些特別豐盛的美食之後，餐廳那些小弟將桌上的盤子一一收去，又端來其他佳餚，後來這幾道我們都是自己取用的。這些菜餚料理得很用心，也有一定的價位，但不像日本人那麼注重擺盤，若在日本享用同等級的美食，他們必會好好展示一番。我們吃了雞、鴨、鴿肉、小牛肉、鴿蛋、湯、魚、生長在土地裡的小牡蠣（極其鮮甜可口）、與其他蔬菜混合烹調的小株蔬菜和竹筍。我們還吃了熟蝦，以及魚翅燕窩（沒有味道，是一道相當講究的湯品，但是價格不菲，而這正是這道料理存在的意義），膠質在調理過程中幾乎都化開了。我們吃的東西可不只這些。有個小弟身穿髒髒的白外套、頭戴老舊的鴨舌帽，每隔幾道菜就會遞來帶著香氣的熱毛巾。飯後甜點是塡著杏仁醬的小巧豆沙糕點，還有其他甜點，全都料理得相當精緻，看上去就像藝術品，不過味道稍嫌淡了點，我們都沒有非常喜歡。吃完甜點，我們又吃了水果，是切成小塊的香蕉、蘋果和梨子，每塊都插著一根牙籤，方便食用。接著喝魚肚（就是魚鰾）湯，還吃了一種極其美味的布丁形甜點，是在模子裡盛了米飯製成，再塡滿八種象徵不同意義的食材，我不知道具體是些什麼，但各種味道完美融合，吃起來並不突兀。他們送上這道料理之前，先爲我們提供一個小碗，裡面盛著半碗的濃醬，看起來有點像是牛奶加熱烹調之後的醬汁。那其實是杏仁磨粉製成的。將那甜點蘸進杏仁糊，滋味好得不得了，使我有種相見恨晚的感覺。我要學著做這道料理。

1本信由杜威夫婦合寫。

2杜威在日本講學時，胡適與蔡元培、陶行知等商議，以北京大學、南京高等師範、尚志學會、新學會等團體名義邀請杜威赴華講學，郭秉文與陶履恭在日本時也登門親訪邀約。四月三十日午後，胡適、蔣夢麟、陶行知前去迎接杜威夫婦，送入滄州別墅（滄州飯店，今錦滄文華大酒店）住宿。

3墨銀即墨西哥銀元，是墨西哥獨立後開始鑄造的銀幣，十九世紀中葉起大量流入大清國，因刻有墨西哥國徽（一隻叼著蛇的雄鷹立於水中長出的一棵仙人掌上），在中國又稱「鷹洋」。墨銀爲民國初年大量使用的外幣之一，直至一九一九年外幣遭南京民國政府禁用，國內發行的袁頭幣才逐漸成爲主要貨幣。

4 應是上海申報館。

5 紐約百老匯大道與四十二街的路口爲繁榮的時報廣場（Times Square，又譯「時代廣場」）中心。

上海

五月三日[1]

在船上時，有人告訴我們，日本人極度重視他人的觀感，中國人則是什麼都不在乎。比較這件事雖然危險，卻是種大家最喜歡的「室內運動」。中國人有點吵（還說不上喧鬧惱人）、親切熱情、有點邋遢——大體而言頗有人情味。他們比日本人高大得多，而且無論用什麼審美觀來評斷，通常都算是相當俊美。最驚人的是，許多勞動者看起來都非常聰明機靈，甚至有書卷氣，比如飯店侍者和接待人員便是如此。招呼我們的侍者帶了點陰柔的氣質，舉止極其優雅，可能是個詩人。我還注意到今天跟我講過話的教師之中，好幾個都散發著巴黎拉丁區[2]那種藝術家的氣息。我逐漸能夠保持距離來看待日本人，顯然那些使他們人見人愛的特質，也正是令人反感的特質。他們將多山小島上的所有資源，運用得淋漓盡致，堪稱一大奇蹟，但是他們的性格整體來說就矯情做作了點，似乎一切事物都有規矩，外人在崇拜其文化中種種唯美效果的同時，也可以看出藝術創作（art）與工藝矯飾（artificial）之間的界線有多麼模糊。所以，能夠再度與隨和的人相處，眞是一件輕鬆的事。只不過，他們的慵懶終究會跟日本人「永」保周到一樣，令人覺得煩躁。最後，借用中國友人的話，總歸一句：「東方人充分利用空間，西方人充分利用時間。」這比眾多雋永名句精闢得太多了。

1本信應出自愛麗絲·杜威筆下。

2巴黎歷史極為悠久的一區，附近有相當多學校，是教師與學生頻繁往來的區域，其名稱源於中世紀時採拉丁語為教學語言。

上海
五月四日[1]

我認識一位中國女士，就是裹小腳的那種中國女士。我們還在她家用過晚餐。當時她直到大家都吃飽了才進飯廳；傭人將東西一樣樣送進來，這期間她則一直待在廚房料理。她面貌端莊，臉型圓而澎潤，有種獨特的美感，氣色很好；因爲纏了足，走起路來自然踩著徐徐的搖曳碎步。昨天演講結束後，我們再度登門拜訪，她帶我們參觀了整個住處。房子整理得很好，就我們來看並沒有許多便利設施，但是整體而言還是相當現代化。還有個樓梯，通往他們晾衣服或坐著休息的一個小棚子。沐浴用的是錫製浴缸，靠著從小爐子上端過來的水加熱。那爐子跟我們洗衣間的小爐子[2]有點像。浴缸有一條排水管接到地面，地上沒有排水孔，在東方這很常見。廚房有個小型鐵爐，架設在箱子上面，下方燒著小塊的木柴。爐子上分成三區，兩個大而淺的鐵鍋是用於烘烤和烹煮，中間有個比較深的鐵鍋，用於盛裝泡茶的熱水。只有兩端需要點火，熱氣足以爲中間的水加熱。

只要有機會，中國人絕對都能展現優秀的社交能力。她的丈夫也是個交際能力出眾又思想進步的人，但令人印象深刻的是，他爲我們呈現了事物的眞實樣貌。我們參訪校園時，他並沒有事前額外安排，因爲不想讓我們看到刻意編排過的課程。接著，又帶我們去了一個中國人才知道的地方用午餐，那裡一個外國人都沒有。

昨天我們去了一間百貨公司，買了些手套和襪帶。手套是凱瑟牌[3]的，舶來品，長襪、大腿襪帶和吊襪帶等等也都是。手套售價一到一點六美元不等，吊襪帶則是一銀元。我還買了一些絲綢，十六吋寬，一碼五角錢。商店裡很雜亂，地板也很髒，卻很受中國人喜歡。我們用三塊銀元買了一本標著英格蘭售價一先令六便士的書，這裡的物價就差不多是這樣。手套和長襪都是日本製的，物美價廉，精緻的絲質長襪則是一雙一點六美元。但中國人卻不買這些，反而會買美國製造的商品。我們參觀過一間棉紡織廠。目前，中國缺乏科學製造方式和適當的種子照料技術，因此他們的棉花和絲綢都淪爲次等品。工人織布時，偶爾還會將美國棉混入中國棉。

1 本信出自愛麗絲·杜威筆下。

2 舊時設備較完善的西式房屋中，會在洗衣間設置小爐（laundry stove），上有爐座，側面設有金屬熨斗，其功用爲加熱銅水壺與熨斗，以便清潔衣物時有熱肥皂水可使用，整理衣物時有熱熨斗能燙衣。這種小爐有時也會兼作烹飪用途。

3 凱瑟牌（Kayser，原文誤作 Keyser）是朱利烏斯·凱瑟（Julius Kayser）一八八〇年於紐約創辦的絲質手套品牌，全名「Julius Kayser & Co.」。凱瑟牌的手套指尖經特殊強化（外觀上看不出來），因此比當時其他品牌更耐久，凱瑟曾爲這項技術申請專利。該公司營運蒸蒸日上，後來也兼銷售女性內衣、泳衣、襪品等，並將業務拓展至加拿大、南美與歐洲。

上海　五月十二日　星期一[1]

北京的動盪似乎暫時平息，校長仍堅守崗位為學生奔走，學生們獲釋。[2]有拿了官府錢的媒體表示，這有部分是因為日方要求各界以寬容態度面對學生的惡作劇。報紙則報導抵制日貨的行動持續擴散，但我們見到的這些人都懷疑大家可能堅持不下去。目前，這裡的人拒收日本貨幣。

東方世界體現了男權文化可能會是什麼樣子、造成什麼狀況。我認為有一點是個大問題，就是眾人的討論一直侷限在女性的屈服順從，好像這件事只影響到了女性。我堅信，中國整個內政與教育的落後，乃至人民生理條件的日益退化、隨處可見的政治貪腐，以及缺乏公益精神，在在使得中國成了容易對付的目標，這些全都是因為女性的處境。日本也同樣有貪腐的現象，只不過狀況在掌控之中而已；在兩個資本集團和兩個大政「黨」之間，似乎有種聯盟關係存在。其中有股非常強烈的公益精神，不過偏向國族主義，而不是社會情感；換句話說，那是愛國主義，而不是我們所謂的公益精神。因此儘管目前日本強盛、中國衰敗，但因爲女性的屈從，還是有著相對應的弱點，到時這個隱性的弱點將會使日本瓦解。再來說說兩件中國的事。有位傳教士告訴中國基督徒要如何運用星期天，主要強調那是個適合全家團圓、閱讀、談天之類的好機會。有個人就說，如果必須花一整天陪著太太，一定無聊得要死。後來我們聽說，富有人家的女人（她們理所當然不像貧困階級的女人能夠拋頭露面，行動更不自由）只好聚在一起打牌賭博。大家都認爲，要讓成群妻妾過上鋪張奢侈的生活，成了政治貪腐的一大主要源頭。另一方面，在北京一場政治抗爭會議中，指派了十二人組成委員會，負責面見官員，而其中四位是女性。日本嚴禁女性參與任何談論政治的會議，並嚴格執行這項法律。在美國留學的中國女性比日本女性還多，有部分可能是因爲中國缺乏女子高等教育機構，但也是因爲她們不必在接受教育時就放棄原有的婚姻——事實上，我們還聽說，留過學的女性在同樣學成歸國的男性市場中相當受歡迎，富有人家也對她們特別有興趣。想當然耳，對於女性處境的問題，受過教育的中國人思想也比日本人進步多了。

「很難說」是中國人常用的口頭禪。八日傍晚，大學校長在內閣逼迫下辭職了，他其實是在暗殺的威脅下這麼做的。[3]在此同時，軍警（也可以說是土匪）入城了，北京大學被包圍起來，所以他不是為了自己，而是希望拯救學校才毅然出走。沒有人知道他去了哪裡。學生獲釋的消息是透過電報傳出來的，但他們拒絕大肆宣傳這件事。這位校長似乎比我所認知的更具自由派高級知識分子的領袖風範，政府都對他有所敬畏。他才擔任校長兩年，在那之前，從來沒有學生為了政治上街遊行，可是如今，他們個個都是這波新興運動的領袖。當然了，政府會提出反動保守的言論，到時學生就會離開，正直的教師也會全數辭職。說不定全中國各地的學生都會走上街頭。但這真的很難說。

1本信應出自約翰．杜威筆下。

2此處所說的北京動盪就是一九一九年的五四運動。五四運動的近因，起於第一次世界大戰後，勝利的協約國召開巴黎和會，希望解決戰爭造成的問題並維持戰後世界秩序。會議中將戰敗國德國在山東的權益轉讓給日本，但當時中華民國不算戰敗國，而參與會議的北洋政府卻未積極維護中國權益，造成國內人民強烈不滿。五月四日有三千餘名學生聚集北京天安門，向政府表達抗議，甚至火燒交通總長曹汝霖宅邸趙家樓，後續引發多個城市學生罷課、工人罷工、商人罷市等，形成規模擴及全國的抗爭運動。而此處所提及的校長，正是當時北京大學校長蔡元培。五月四日遊行當天，軍警逮捕學生三十二人；後經以蔡元培爲首的校長團、歐美同學會斡旋，當局於五日起釋放學生，至七日被捕學生全數出獄。

3 當時傳言曹汝霖、章宗祥等「賣國賊」揚言花三百萬收買刺客要暗殺蔡元培。

星期二

早晨[1]

我們昨晚與前總統孫中山共進晚餐，他眞是位哲學家。他寫了一本書，即將出版，指出中國人的軟弱是源於他們接受了古老思想家的主張：「非知之艱，行之惟艱」，[2]所以不願採取行動，認爲有可能先取得全面的理論知識。相對之下，日本人的長處在於他們即使一無所知也會去實踐，身體力行並從錯誤中學習。對實際行動時犯錯的恐懼，癱瘓了中國人的行動力。於是他寫了書，向人民證明所謂的知難行易。

在中國的美國人都希望參議院拒簽和約，因爲和約就是把中國徹底交給日本。接下來我就只提及其中談到的兩件事。日本已在中國部署多達二十三個師團，超過在本國境內的數量，日本人指揮中國人，而且還達成了對滿洲的控制。日本已經借了兩億給中國，讓他們培訓、拓展這支軍隊。根據我們吃飯時所談到的，日本出於軍事考量，還提議要每個月借二百萬給中國，爲期二十年。日本推測戰爭會延續到一九二一或二二年，因此向德國建議一項進可攻、退可守的聯盟合作方式：日本供應手中訓練有素的中國軍隊，而德國則將協約國在中國的租界和殖民地讓予日本。德國爲了展現善意，已經將中國境內的領地都交給日本，這個消息傳到英國後，誘使英國政府簽署祕密條約，同意將德國租界交給日本，藉此達成和平。這些人都不是侵略主義者；他們自認很清楚自己談論的事物，而且都握有可靠的消息來源。這些言論之中，有些是已知的事實，例如軍隊規模、兩億借款，只是我也沒辦法保證全都正確。但我逐漸得出了一個看法，既然情況涉及認可祕密條款與祕密外交，或許拒簽和約比較恰當。另一方面，在我看來，能夠拯救整個東方世界的唯一方式，就是一個名副其實而帶有生氣的國際聯盟。目前的局勢絕對比我們在美國所了解到的還要嚴重。如果這個情形再延續個五年、十年，世界上將會出現一個受日本軍方主宰的中國，但是還有兩件事：日本禁不住這種緊繃的局面而垮臺，或亞洲全面布爾什維克化[3]——如果中國遭日方軍事化控制，我認爲演變成這兩種情況的機率各半。能夠左右美國情勢的歐洲外交策略，在這裡反而顯得無足輕重了。英國的所作所爲都是爲了印度，大家都是隨波逐流，採取所謂樂觀的長遠觀點，而且彼此意見相左、爭論不休，只有日本了解自己的目標和後續結果。

我依然相信日本的自由主義運動有其眞誠的一面，但他們缺乏的是道德勇氣。這些具有高知識水準的自由主義者，對於眞相幾乎跟我們一樣無知，但是既有的認知卻使他們寧願被蒙在鼓裡，偉大的愛國情操於是油然而生，進而利用歐洲各國掠奪成性的事蹟，輕鬆說明這一切都是出於自我防衛。

1本信應出自約翰·杜威筆下。

2出自《尚書·商書·說命中》，說明了解道理很簡單，但是實行起來並不容易。孫中山在一九一九年出版的《孫文學說》又有人稱「知難行易學說」，就是在論述相反的道理，鼓勵人民厲行革新。

3「布爾什維克」（Bolshevik）是俄文「多數派」（большевик）的音譯。最初是一九〇三年形成的無產階級政黨，一九一七年十月革命後奪得政權，後來發展成的蘇聯共產黨，屬於社會民主黨的極端激進派。

上海
五月十三日
1

我昨天的信結束得很倉促，因爲當時好像正好到了郵差要收件的時間。現在又過了一天，發生了更多的事可以說，也有比較充裕的時間敘述。中國有豐富而未經運用的資源，還有太多太多的人。各家工廠早上還不到六點就開工了，要做的工作卻還不夠窮人做，而且他們都有種排斥勞作的習性。工廠二十四小時分別由兩班工人輪值。工人一天賺個二、三角錢，年紀較小的兒童可能沒錢領，有的話也頂多九分，大一點的可以領到一角一分。鐵礦的挖掘工作停滯中，煤礦和油礦皆未開發，而這些礦場都在鐵路無法抵達的地方。這裡到處都在燒木材，砍伐森林使得整座國家逐漸失去生機。他們爲世界創造了陶瓷產業，又向日本購買餐盤；他們種植劣質棉花，然後從日本進口棉布；他們向日本購買數量不一的實用小物。日本人散布在全中國大大小小的鄉鎮，就像是捕到漁獲之後逐漸收攏的魚網。

中國的所有礦物資源都是日本人覬覦的目標，而且他們靠著賄賂北京政府，已經握有八成的礦產資源了。隨便找個中國人聊這件事，他會告訴你，中國無法發展是因爲沒有運輸建設；如果談到建設鐵路，他會說，中國應該鋪設鐵路，但無法建設起來是因爲無法取得原物料；如果你看著人們爲了爐灶燃燒所需而從路邊收集來的那些雜草，再提到燃料，他們則會告訴你，中國無法運用境內礦產是因爲政府干預。這座城市方圓十哩之內有許多大型煤炭礦坑，煤礦位於地下淺層，而且就在揚子江邊，但是運用這些煤礦的卻只有日本人。剛提到的鐵礦離揚子江不遠，有一整山的鐵礦正由日本人開採著，他們開著遠洋大船溯江而上，駛到礦山下進行裝載，將礦砂運下山後，直接將船開回日本，並以一噸四銀元的價格，向負責執行一切工程的中國公司購買礦砂。

隨著數週來在中國鬧得沸沸揚揚的巴黎和會結束，期許當局確實展現政府風範的最後一絲希望也正式消逝。南方政府代表似乎可以全權行事，北方政府的代表則須事事諮詢來自北京的軍事首長，所以最後他們放棄了。前所未有的絕望情緒籠罩全國，人人都說大勢已去。[2]我們走訪各地積極獻策，說明要如何處理我們國家普遍對他們的錯誤印象，建議的方法之中包括發起宣傳，堅持解釋百姓與政府的差異。但我們獲得的回應是：「沒辦法，我們沒有錢。」看來，中國人的自豪如今已不復存在。有一名常駐中國的美國官員說，除非有各大強權的保護，連日本也必須加入行列，否則中國就是沒有希望了；少了列強的維護，中國就只是日本囊中之物。日本人不斷購買這座城市和其他城市最精華的土地來做生意。日本向其他國家借款，然後以極其無情的條件轉貸中國。割讓山東理所當然地加速了這場動亂。有些中國人認爲，如果人們要被逼到如此絕路，才能激起他們的奮發之心，那麼現在就是最後機會了。抵制日貨與日幣的行動已經展開，但有很多人說，抵制不會貫徹到底。中國對於糧食和衣飾的需求，迫使人人都要爲了生存而奮鬥，長遠來看，必須忘卻生計以外的層面。

政府似乎欣然接受了大學教職員以學生名義發起的抗爭行動。這裡的學生也或多或少惹上了麻煩，中國所有大學和中學的學生可能發起罷課。上海聖約翰大學的事件很值得一提。聖約翰大學是美國聖公會創辦的教會學校，也是數一數二的名校。學生在酷熱炎日下步行十哩到上海遊行，然後再走十哩返校。有些人半途就因中暑而倒下。傍晚返程時，有人發現一些較年輕的學生前往音樂會會場。那天是假日，「國恥日」，也就是簽署日本「二十一條」的週年紀念日，全國學校都放假，國內各地則會選在這天舉行會議和演講。這些學生站在會場的門外，有位師長出來要他們入內參加音樂會，他們回答，他們正在門外祈禱，因為在國恥日以音樂會慶祝很不恰當，接著，這位師長和校長便先後命令這群學生入場，造成現場一片騷動。學生說，他們是為了中國而堅守場外，就像耶穌眾門徒在他臨死時誠心禱告，而這個紀念日就像耶穌受難日。校長表示，如果他們不進去，就要開除他們的學籍，他也說到做到了。那群學生一直佇立到隔日早晨，住在附近的其中一人將眾人帶回家中。聖約翰大學因此閉校，校長並未讓步。

我不禁想像，要不是影響範圍會擴及全世界，中國人幾乎已經準備好，要以他們對待賣國特使的方式來對抗日本人。中國人確實對日本人深惡痛絕，我們見過的美國人似乎也都與他們同仇敵愾。日方出席巴黎和會之前發下豪語，答應將德國租界歸還中國，這麼一條顯而易見的謊言是美國不該忘記的。而這一切和中國的赤貧現象，我在來到中國之前都一無所知。

有位異常嚴肅而認眞的年長攤販，幾乎天天露面，接下來我們總要搬演一番相同的戲碼。例如，有一串輕巧的空心銀色琺瑯念珠項鍊，原本要價十四銀元。他最後似乎很高興地以四銀元售出，但又不能說他是「似乎很高興」，反而顯得異常低落，還說這樁交易裡吃虧的是他，不是我們。最有趣的是，我們一度懶得再討價還價，便放下項鍊打算離開。他那動作和手勢簡直連演員都要爲其喝采，我無法具體描述，總之他要表達的是：「與其在我和各位朋友之間發生什麼誤會，我寧可免費送你們任何東西。」他突然面紅耳赤，將商品遞給我們並同意了我們提出的價格，臉上掛著一抹極為親切的微笑。

學生聯合會昨天舉行會議，投票決定以電報告知政府，如果不同意他們那四或五條眾所皆知的要求，包括拒簽和約、懲處因受賄而與日本簽訂祕密協議的叛國分子，那麼學生將在下週一集體罷課。不過在我看來，聯合會的態度似乎比學生還保守，今天早上我還聽到了傳言，說學生無論如何都會在今天發動罷課。他們特別憤怒的原因有二：首先是警方禁止他們舉行露天集會，所以這也列入了他們的其中一項要求；其次是省議會在答應推動教育之後，卻挪用原已不多的教育經費來為自己加薪。此時，在另一區有學生發起暴動並破壞議院。原已有個抗爭聯合會，但學生們情緒激動，想要有所行動。據我判斷，有些教師非常同情這些學生的下場和做法，有些則自認有道德義務，應大力倡導學生三思而後行，並協助學生規畫完善的組織與制度，還有些師長則採取古老的中華文化思維，認為這類活動不一定會有好下場。對局外人而言，這看來就像一群乳臭未乾的娃兒，毫無經驗也沒有前例可以參考，卻必須拯救中國——這是目前看來，還只是個假設，是個後果不堪設想的假設。精力充沛又正向思考的日本人都覺得，中國註定要受他們統治，這判斷毫不令人意外。

我從來就不想當侵略主義者，但美國要不就徹底撒手不管東方問題：「這不干我們的事，你們自己愛怎麼辦就怎麼辦吧。」否則就應積極主動要求日本說明各項侵略行動的理由。令人作嘔的是，日本之所以能迫使我們屈居被動辯解的地位，並在大談門戶開放政策之餘，將中國境內的多數門戶緊閉，同時私自藏起打開門戶的鑰匙——這一切竟全是我們所縱容的。我了解、也相信這裡所有的美國人所說的：除非中國採取有力的實際行動，否則掌控日本在華對外政策的軍閥只會將一切視為恐懼與軟弱，而且敢得寸進尺；如果面臨有力反抗，日本便會打退堂鼓。在此我並不是指軍事武力，而是提出堅決肯定的聲明，指出日本不能爲所欲爲，讓日本明白這話不是開玩笑。目前，日本人正試圖煽動中國人的排外情結，同時大談種族歧視議題，讓中國人認爲喪失山東主權的罪魁禍首是英美兩國。我不曉得他們祕密派遣的人馬在無知的民眾間發揮了什麼作用，但是商人階級幾乎到了爲應付情況而須尋求外國干預的地步。一體有兩面，所以首先要擺脫日本的箝制，還必須同時或緊接著推翻目前統治中國並即將賣國的貪腐軍閥。這是所謂國際聯盟的絕佳表現機會——但要是眞有這麼個聯盟，在我這局外人看來，這種聯盟的動機也極爲可疑。

其實，學生最常提出的疑問是：「我們一心對長久和平與國際關係的希望，全都已在巴黎破滅，說明了強權即是公理，且強國會犧牲弱國換取自身利益。既然如此，難道中國不該將軍國主義納入教育制度嗎？」

1本信應出自約翰·杜威筆下。

2當時中國處於軍閥割據、南北對抗時期，此處南方政府爲孫中山在廣州成立的護法軍政府，北方政府則是以北京爲首都、受北洋軍閥所控制的北洋政府。

南京 五月十八日[1]

毫無疑問的，我們就在中國。他們說，杭州是最有中國風情的城市中數一數二繁華的。參觀這座城之後，我們是信了。城外圍有一面高大的城牆，聽說總長二十一哩，也有人說是三十三哩，我個人猜測是後者。而城牆內圍起的農地達數百英畝。今天下午，我們登上了城牆；根據地勢高低不同，城牆高度為十五至七十九呎不等，寬度則由十二至三十呎左右，築牆所採用的是硬質窯燒磚，約為我們常用磚塊的三倍大。他們以往在大城牆內還會有一座同樣以城牆圍繞的小城，人稱皇城或滿城。[2]但發生動亂至今，人們一直在搗毀內層城牆，我想有一部分是為了展現他們對滿人的輕視，還有一部分是為了取用那些磚頭。這些城磚每塊賣三、四分，用大型的中式單輪推車運載著四處兜售，當然了，是靠著人力推車。這座房子的圍牆便是以這種磚塊砌成，大學校園內的空地也存放了好幾千塊磚頭。他們都是徒手將磚頭剝下來的，你們可以藉此窺知原物料和人力的相對價值。我一開始談到了景觀——就是很典型的中國樣貌：附近山丘的樹林遭到砍伐，山腳地區坑坑疤疤的，布滿了墳墓，就像動物的洞穴和高爾夫球的沙坑；農民的茅草頂石屋，看起來很像在愛爾蘭或法國；果園中有開著迷人鮮紅花朵的石榴，還有其他果樹；有些田裡的稻苗已經長高了，其他的才剛插秧，一片田裡有十幾個人在工作；眾多園圃，多數是瓜果；遠處城牆蜿蜒數哩，山上有座塔，還有個蓮花池，更遠處是重重青山，全都還在這座城市的範圍內，只是看不太到了。

在我們四處觀光的過程中，發現一件趣事：在這裡並不常看到那種典型的中國人長相，我甚至經常忘了他們是中國人。他們就像到處都可看到的那種骯髒而窮困的貧民，活潑樂觀，但並沒有嬉鬧娛樂的氣氛。可以的話，我眞想捐個幾百萬，造些遊樂場、玩具，並且帶著孩子們玩。我不禁認爲，中國人缺乏主動態度和推卸責任的毛病，與孩童心智成長得太快有關。在這座人口三十幾萬人的城市中，兒童學校不到一百所，而且校內學生頂多只有兩、三百人。街上看到的孩子總是四處張望，雖然機智伶俐且人模人樣，還帶著基本的活潑氣息，但是正經老成得令人難受。當然了，很多孩童都已在做織布的工作，更小的時候可能是負責紡紗。這裡有很多絲綢廠，我們參訪了一間政府工廠，有好幾百個工人，至少比較像是一間能夠讓工人養活自己的工廠。城內完全沒有動力紡車或動力織布機，也沒有甲卡提花織機。[3]有時會讓一位男孩坐在織布機上面，手動編織絲線，也有時候是幾個人一起操作六或八個踏板。很多紡車甚至沒有腳踏致動的功能，必須手搖紡紗，但是他們的手搖紡車比日本人用的那種精緻巧妙得多。此地許多事都還沒順利運作起來，而且需要改善，但所有事情都糾纏在一起，改變並不容易，也難怪每個待在這裡的人都或多或少有些「中國化」了，而且還因中國人和藹可親的特質喜歡上了他們。

由於目前的政治局勢、對日本的抵制等，學生正組成愛國聯盟。不過，這裡的南京大學教師都說，學生不願只做兩、三件自己擅長的事，反而雄心壯志地展開全面性的計畫，等到眞正成立了理想中組織嚴謹的機構，他們的精力勢必已經耗盡，或是因遭遇太多困境，導致對原本能力範圍內的事物也開始感到氣餒。不曉得我跟你們提過上海裁縫店的那個店員了沒有；他先是表露了常見的宿命論，表達對於現狀無能為力，又說抵制是件好事，但「中國人意志不堅，很快就會忘了這些事」。

有不少地方掛著許多寫有中文字的草帽，會有人攔下路人，拿走他們戴的日本製帽子。這個做法相當溫和，沒有人反對。日本人開的商店門前都有警察，不讓任何人進店。他們是在「保護」日本人。這就是中國的特色。這些警察都扛著配備刺刀的槍，警方人數雖多，但全部無精打采的，看起來都無聊得要死。除了警察，看起來同樣無聊的就只有狗了，狗的數量更多，全都伸展身軀平躺著，完全不蜷曲肢體，成天無所事事。

我們參觀了舊時的科舉考場，拆除工程現在正進行著。[4] 場內約有兩萬五千個隔間，以往考生在考試期間都必須待在裡面。這些隔間比鄰而建，蓋成一排一排，每排都設有斜屋頂，多數未築牆那面朝向走道，且各排開口相對，有幾排則面向鄰排背面的牆壁。每個隔間都是二點五呎寬，四呎長，[5]內部兩側牆上各有兩排隆起處，分別位於座椅和書桌的高度。考生會在隆起處擺上兩片二點五呎長的木板，便成了他們應試期間的家具，他們起居、作答、烹飪、食宿，全都在隔間內。沒有下雨時可以將腳伸出走道，在堅硬的地板上稍微伸展肢體。考試爲期八天，分爲三個科目。考生在陰曆八月初八傍晚入場，第一個科目作答時間到初十下午，接著離場過夜；十一下午返回考場進行第二場考試，作答時間到十三下午，再休息一天；十四下午再度入場參加第三科目，整場考試在陰曆八月十六傍晚結束。考生可以在關閉上鎖的走道內自由交談，但是外人無論如何都無法與內部接觸。考生死在考場內之事時有所聞。不過，只要他們能在同個走道內安插一位友人，全中國最笨的人也能拿到冒名作答的試卷，然後通過考試取得碩士，或可說是個與碩士學位相當的頭銜。中國的知名文人都是由此發跡。政府並不負責考試的相關準備工作，考生必須想方設法自行準備應試。考官專用的屋舍仍保持得很好，若要改建成學校很簡單。但你們覺得他們會這麼做嗎？毫無可能。政府並未下令在此建校，所以這些屋舍會遭拆毀，或用於特定官方用途。若不是親眼所見，你們絕對無法體會到官僚制度的影響有多深。我們還參觀了一間孔廟，[6]佔地廣大，每年舉行兩次典禮。這裡跟所有的寺廟一樣，布滿了日積月累的灰塵。如果你們哪天意外拜訪一間中國寺廟，可能會以爲自己進了一間人煙罕至的廢墟。我們週日去了一座供奉地府閻王的寺廟，同行的先生建議僧侶應該撢一下畫上的灰塵，僧侶回覆：「是呀，撢一撢會比較好。」

1 推測本信出自約翰·杜威筆下。

2 應指杭州駐防城，是清代杭州城內的八旗駐防城，駐有滿洲、蒙古、漢軍八旗，當地人俗稱「旗下營」或「旗下」，官方文獻常稱「滿營」或「滿城」。

3 甲卡提花織機（Jacquard loom）由法國人約瑟夫·馬利·甲卡（Joseph Marie Jacquard，一七五二—一八三四）於一八〇四年發明，創新處在於利用打孔卡片操作取代人工，織出卡片上設計的提花圖案。此發明於十九世紀便廣泛流傳，造成紡織業變革，其程序編排原理更促成電腦的誕生。

4這個考場是南京的江南貢院，始建於一一六八年（宋乾道四年），一九〇五年（清光緒三十一年）袁世凱、張之洞奏請停止科舉，因此失去考場功能。因民國初期「拆貢院，闢市場」的倡議，一九一八年起被逐步拆除，至一九一九年，院內保存作爲歷史文物的僅剩明遠樓、衡鑑堂與部分號舍（即後文提到的隔間）。

5約七十六點二公分寬，一百二十一點九二公分長。

6應是鄰近江南貢院的南京夫子廟，原爲太學，始建於東晉咸康年間（三三七年），後於北宋景祐元年（一〇三四年）改爲孔廟。

南京 五月二十二日 星期四[1]

從日本歸國的留學生也仇視日本，但他們跟留美學生處不來，而且雙方組織各自獨立，無法合作。許多歸國學生都沒有工作，很顯然是他們不願走入企業，也不想從基層做起，而且官方對他們都有強烈的敵意。

關於這裡人們做事的方式，我們從上海寄出的一封快捷信件正好可以拿來當例子。信花了四天才送達，原來應該要在十二小時內送到的。大家都寧願寄快捷郵件，而不打電報，就是因爲這樣寄信理應較快送到。不管你願不願意，在中國寄信，就註定要花上點時間思考，爲什麼自己的信件並未按時送達；做這件事得要權衡一下，有什麼風險損失都是落在你自己身上。中國人跟日本人不太一樣，不會欺騙外國人，他們是一直拖延時間，欺騙自己、欺騙彼此。

我們住的房子距離火車站有四哩。這裡沒有輕軌電車，黃包車很普遍，也有些四輪馬車，汽車就少見了，也沒有轎子，至少我不記得有看過。但在前幾天去的鎮江，街道都很窄，轎子是主要的交通工具。這裡所有的黃包車都差不多，而且非常簡陋。車夫要日繳四角錢的車輛費用給市政府，而收入也只比那多一點點而已。在上海，黃包車夫必須每天繳交九角才能執業，大概就賺一塊到一塊五。

我前幾天跟一位年輕的教授說，中國還養著三個不事生產的族群。他對社會現況有所研究，也有批判見解，但看起來對我說的話依然相當驚訝，並問我指的是哪些人。我反問，不就是政府官員、神職人員和軍隊嗎？他便答道，是啊，沒錯。《聖經》裡說的「你只可到這裡，不可越過」，[2]似乎是他們思想與行爲的格言，而且特別落實在行爲上。

1推測本信出自約翰．杜威筆下。

2此處引用基督教《舊約聖經．約伯記》第三十八章第十一節，用以比喻對方回話的態度。

南京

五月二十三日[1]

我不相信有誰知道政治前景如何，這次學生運動引進了一個無法預料的全新因素，全都是在我們來到這裡的三個星期之間發生的。一開始，我們只聽說了中國政治的黑暗面，包括腐敗叛國的官員、軍警只是領薪水的土匪、官員拿了日本的錢來養軍警、中國人之間毫無組織與凝聚力；後來是學生插手干涉，群眾又活絡了起來，突然掀起一波熱潮。有一百名學生在此接受指導，然後再公開演講，屆時他們會分散前往城市內一百個不同的站點。另外，也有人說士兵回應了愛國主義宣傳；有位先生告訴我們，當學生向士兵闡述中國所面臨的困境時，那群士兵流下了眼淚，而故土主權已交付日本的山東省士兵則率先發難，以電報通知其他省份的士兵，共同抵抗貪腐的賣國賊。當然了，人人都很怕這些行動只是曇花一現，但他們已經著手規畫，要使學生運動長久延續下去，並找些事讓學生在達成這些目標之後可以繼續努力。他們目前的想法是要重新整頓學生組織，針對教育體制、學校增建、成人教育、社會服務等方面進行大眾宣傳。

對比曾赴海外與不曾出國的男士，也就是留學生和國內教師，比較的結果相當有趣。未曾出國的人大體顯得比較無助，帶著文藝風範和學院思維；而出國留學的那些人，即使是在日本求學的，又都比前者更積極進取。當然了，中國可算是教育界古典主義者的優秀楷模，說明這種教育風格延續得夠久，能達到什麼成果。另一方面，中國古典文學也一定有些極爲迷人的美學特色，就連許多現代年輕人都爲之神往，特別體現在他們對於優秀書法作品的情懷上。他們會運用各種藝術詞彙來評論書法：「觀察這豎筆的力道、橫筆的神采，還有整體結合的優雅韻致。」前幾天參觀了一間寺廟，算是中國境內一大佛教聖地，他們展示了一幅書法作品拓本，據說是中國有史以來最優秀的書法家大作，幾世紀前有人將其作品刻在岩石上，之後再拓印下來，至於具體是多久以前，我就不清楚了。不難看出，氣質高雅的人們眼見政治貪汙墮落，社會生活令人沮喪，只好寄情於藝術與靈性的追求，也可以由此得知，這種做法終將使國家更爲衰敗。

我們從上海寫給你們的信裡提過，我們嘗到了各種美妙的中式食物，皮蛋、魚翅、燕窩、鴿蛋、八寶飯、米布丁等等。我們在這裡也享用了中式餐點；昨天中午就在一位軍事顧問的家中用餐。他說話頗爲坦率，談論政治不會捨棄己見人云亦云，讓人對中國又燃起了希望。最令人喪氣的莫過於聽到別人說：「等到有個穩定的政府，就可以如此這般，但現在說什麼也沒用。」不過他的態度反而是：「可惡的政府，應該勇往直前，有些作爲。」他對於擁有一個「幸福美滿的基督教家庭」相當自豪，毫不掩飾自己的基督信仰，反觀多數官員和富人似乎對此都比較低調。他希望將兩個女兒送去美國受教育，一個學醫、一個研讀家政，並協助推動倡議，著手改變中國家庭現況。傳統中國大家庭總人口多達五十個左右，全部居住在一起，包括已婚的孩子、奴僕等等，他說這種家庭生活過得極端浪費，更別說還有各種內訌紛爭與怨恨妒忌之事。他還說，在傳統的富裕家庭，有的人在七點左右開始用早膳，直到正午都還得隨時替人張羅吃食，接著大概在兩點時有賓客來訪，每次有人來他們就再令傭人烹調一些食物供訪客品嘗——他說這其中全無組織，也沒有半點規畫。

1推測本信出自約翰·杜威筆下。

南京
五月二十六日
星期一[1]

學生運動越鬧越大，就連最同情學生的那些教職員也焦急了起來。外界都認爲這裡的省長[2]（我們正身處本省首府）是最崇尚自由主義的首長，他也曾答應支持教育方面的開明措施。上週五，省議會通過一項法案，要縮減教育經費，同時增加議員薪水。這裡的學生都氣憤難當，教職員很擔心再不妥善組織眾人，執行有效的罷課活動，就要管不住學生了。在此同時，我們的友人忙著找議會與省長協商，省長也同意在議會上呈法案時加以否決。不過學生都很焦急，想自行去找議員談判。我們的朋友說，這些人都是付出許多代價才當選的，因此一上任便會竭盡所能討回來。有位傳教士說：「我們拿槍去殺光所有人吧，他們就跟北京那幫人一樣惡劣。換作是他們，也會把全國上下賣給日本或其他國家。」的確，中國眞該將此話奉爲圭臬好好學習，但如果他們都只是發起小規模的行動，就不可能達到目標，所以他們或許要先被欺壓到底，才會準備好要堅持到底或乾脆放棄。

昨天，有位中國女士招待我喝茶，還邀請了「太太」——他們都是這麼稱呼官夫人的，相當於以前的宮廷仕女。說來也很有意思，每位受邀的女士都帶著專屬的女傭，自家的孩子也大都帶上了，有些人似乎有兩位女傭，未纏足的侍奉夫人，裹小腳的則負責照料孩子。傭人要為太太遞茶，還要在大人用餐的同時，餵孩子吃飯。主人都吃飽之後，才換傭人進廚房找東西吃。我不曉得他們到底吃的是什麼，但大概是些粗茶吧。我們喝的是知名的杭州茉莉花茶，在這裡，一磅差不多要十五塊銀元。那茶很好喝，有著茉莉花香，又結合濃烈的茶香，融合成一種特殊的味道，大概能說是郁郁甜味裡混著薰香氣。這種茶風味迷人且色澤偏褐，不過相較之下，我還是最喜歡綠茶。

哎呀，眞希望你們也能見見這群太太。省長夫人年約二十五，也可能再長一點，是位生活優渥的年輕婦女，沒有纏足，身穿一襲淡藍色的洋裝，裙子和大衣都有荷葉邊，縫合處飾有黑色絲緞滾邊，秀髮全部梳到右側，並在左耳上方別了一朵人造白玫瑰。她的女傭則穿著黑色大衣和長褲。省長夫人戴了幾條手鍊，可是佩戴的寶石不如其他婦人的漂亮。在場有一位十分美豔的女士，她大衣上的鈕扣中央是祖母綠寶石，外圍鑲著珍珠，手上還有一條精緻的珍珠手環。茶會之後，夫人紛紛進了內室，只留下兩位。其中一人神情抑鬱，我觀察許久，總算逮到機會問她有幾個孩子，她說一個都沒有，但很想有個女兒。事後聽說她丈夫是基督教的牧師，而她正試著接受基督信仰。留在廳裡的另一位夫人就是大衣上有祖母綠鈕釦的那位美麗女士。我判斷剛剛離開的那些人是去打牌了，便問我能否去看看。結果她們不是在打牌，只是私自聊閒話去了，八成是聊些跟外國人有關的事吧。其中一位夫人說，她願意改天帶我去看她們打牌。聽說她們都從早玩到晚，徹夜通霄，直到隔天清晨才就寢。很多人說，她們成天打牌，有時一輪就損失慘重。

但反正她們當時沒有打牌，後來就回來了，有幾位還帶著孩子，她們坐在排成一列列的椅子上，總共十六人。我跟她們說話時，屋內還有幾位女傭和嬤嬤。我敘述了美國婦女在戰爭中的成就，她們聽得很入迷。我必須解釋什麼是防毒面具，但她們都了解何謂殺戮、何謂上流階級。她們咯咯笑出了聲，大大促進我們之間的交流互動。有位大學裡來的年輕女士負責口頭翻譯。我說完之後，便請她們也分享一些自己生活中的事情。最後是省長夫人被說動了，開始講述她是如何扶養孩子的。在場的人都沒有什麼自我意識，就我們的標準而言，她們算不上禮節出眾，但是都沉著溫和，所以看起來依然氣質優雅。省長夫人說，她有兩個兒子，大的六歲了。早上在家中安排了中文課程，午餐後，則由她親自教授音樂。她自己很熱中音樂。接著，他可以玩到五點半，用過晚餐再玩一下，然後就準備睡覺。等他十三歲，就要送他去學校讀書。我問她，那女孩呢？她說，她有個十歲的小姪女是家族中第一個上學受教育的女孩子，目前就讀天津的一所寄宿學校。

1本信出自愛麗絲．杜威筆下。

2南京所在的江蘇省省長此時為齊耀琳（一八六二—一九四九），清末便曾任天津道尹、直隸按察使、河南巡撫等職；自中華民國成立後直到一九二〇年退出政壇，曾任河南都督、吉林巡按使、江蘇巡按使（後更名為江蘇省長）等職，也代理過江蘇督軍；一九一五年十二月袁世凱稱帝時曾受封一等伯；據說為官清廉，有「齊青天」之美稱。

北京 六月一日 星期天[1]

我們見了一位年輕的先生，他來自某個內陸省份，目前正爲了久未收到薪資的教師們追討欠款。目前，逾六成的全國開支用於軍事，但軍隊連一無是處都稱不上。許多省份的軍隊是由土匪組成的，幾乎所有地方都落入各省軍事長官的手中，這些坐擁督軍頭銜的軍事長官無一不貪，個個侵佔公款中飽私囊，擅自調用軍隊以加強對地方的壓迫，軍閥領導人甚至還公開表示親日。

我們目前算是可以休息一陣子了。我們倆昨天取得了共識，在最近四個月內獲取的新知，超越了我們這輩子以往累積的知識。尤其最近一個月，還吃了多到快無法消化的食物。來說說神祕又詭譎的東方吧。與歐洲相比，這裡的人都很隨意地將資訊交給你（但不得不說，有時內容有點混亂），而且多得讓你應付不暇。

我們昨天去了西山，有些在照片裡看到的景物就在那裡，包括那艘大石舫。[2]石舫基座真的是大理石，實體跟照片中一樣精美，但其餘都造假得很誇張，而且或多或少有些斑駁了。不過，整體而言算是名不虛傳，比起你們會自然而然聯想到的凡爾賽宮，這裡可說是建造得比較有系統。在建築方面，最棒的就是貼有大塊磚片的佛寺，每片磚上都有一尊佛像，具體細節你們可以去找影片之類的來看。我們走到比俄羅斯山[3]高一點的地方，途中穿過中國人很喜歡的假山，從假山的隧道來到了這座寺廟。現在這片園子似乎依然爲滿族皇室遺族所有，入園參觀的費用高昂，要收一大筆，或者算好幾筆入場費，就像尼加拉大瀑布那種熱門觀光景點模式——這也說明了中國需要另一場革命，或者說是一**場全面性的**革命。第一波革命實現了改朝換代，但如我前幾封信所說，也留下了許多貪汙的首長，造成國內動盪不安。在我看來，唯一維繫著局勢不致崩潰的關鍵在於，這些爲數眾多的軍閥與首長雖然不斷想著斂財，但也唯恐有人採取確切行動，會帶來嚴重後果。「維持現狀」可以充分描述中國，大部分是「維持」，再加上一點的「現狀」。除了「很難說」和「讓別人去做吧」，我覺得中國人還有一句口頭禪：「眞糟糕。」他們並不加以掩飾，反而泰然自若地攤開所有弱勢和缺點，鎮定客觀地闡述之後，再加上一句：「眞糟糕。」我不知道究竟是否眞有某個民族能被評價爲太過理性，但如果要光表現得很理性卻啥也不做，看來可能性確實很高——中國人就是如此。不過，這個特點也使他們成了絕佳的夥伴。看見中國人不願自治自理時，這時便很難責怪日本人爲何總想統治他們、給中國帶來新氣象了。關於日本有名的意志堅定，你在這裡勢必可以看到這個特質和其他特點的另一面。我不知道如果有人一直堅持在做某件事，那是否還需要什麼堅定的意志；因爲其他人還在跌跌撞撞，或根本還沒邁出第一步的時候，你只需要朝著一開始的目標持續前進即可。

今天早上，我們去了知名的博物院，唉，總算有件事是中國還稱得上領先的了。博物院藏身於內城，在紫禁城中的前朝宮殿和議事廳，那裡的屋頂鋪著黃色瓷瓦，屋簷或藍或綠或金，牆面則是鮮豔紅色，將你們在書上讀到的那種原始美感發揮得淋漓盡致，幾乎就是提到東方文化時，會首先浮現腦海的那種印象。我想印度文化

——確切來說應該是西藏文化——對這裡的影響相當深遠，遠超過我們去過的所有地方，許多事物都使人聯想到摩爾文化。[4]北京城建設至今已經上千年了，而且最初是按著計畫建造的，相較之下，當時的歐洲各國首都均是毫無規畫任意建設，由此可知，對於他們在乎的事物，他們絕對有充分的組織權力可以運用。博物院本身就是一項奇珍異寶，與那些瓷器、銅器、玉器一樣，而非單純只是座歷史悠久、陳舊的古物陳列所。到花園參觀的費用是一角，若要進到室內博物院，還要付更高的費用，我猜是一銀元以上吧。我們覺得收費是怕人潮過多，而不是在意那筆錢；畢竟就營利目的而言，那個費用太高了。

1本信出自約翰．杜威筆下。

2頤和園位於西山山腳下，故遊覽西山時應可看到頤和園內知名的大石舫（清晏舫），其船體基座爲石塊雕成，艙樓爲木製，彩繪成大理石紋。

3 俄羅斯山（Russian Hill）爲加州舊金山海邊的一座小山，是高級住宅區，知名的倫巴底街（Lombard Street）就在這座山上，可以看到許多舊金山的地標性景觀。杜威夫婦在來亞洲前曾在舊金山住過一段時間，故在敘述中以此作爲參考，希望讓子女更能理解他們在中國看到的景色。

4 摩爾人係中世紀時南歐、西非等地的穆斯林居民。

北京　六月一日[1]

我們剛看到幾百位女學生的遊行示威，她們從美國公理會學校出發要求見大總統，[2]並請求釋放因上街演講而受監禁的男學生。[3]如果我說在中國的生活相當振奮人心，絕對是實話。我們正見證一個民族國家的誕生，而任何事物的誕生總是艱辛的。我也是趁事件告一段落，才向你們敘述先前的情況；先前事情進展太快，我根本沒有時間記錄。我們昨天去參觀了西山的寺廟，帶領我們的是教育部的一位官員。我們快速通過貫穿城市的那條大街時，看到學生向群眾演說。這是好幾天以來，首次有學生出現。我們問帶隊的官員，他們會不會被捕，他說：「不會，只要不違法、不作亂就不會。」今天早上，我們看到報紙上全都在報導同個事件。最糟的事情是大學成了監獄，軍隊在校內各處紮營，校外還有個告示，說這裡是靠著演講破壞和平的學生專屬監獄。由於這一切都屬於非法行動，因此軍隊佔領了校園，勢將迫使所有教職員離開崗位。他們今天下午就要舉行會議，討論相關事宜。會議結束後，我們可能就會知道又有了什麼情況。我們還聽說兩百名學生被關在學校的法科大樓，[4]還有兩位學生被帶到警察局，屁股挨了鞭子。那兩位學生在進行演說時遭到逮捕，並送到憲兵軍官面前。他們不僅未如當局期望的閉嘴住口，反而向軍官提出了一些令人難以回應的尷尬問題，因此軍官下令鞭打他們的屁股。至今無人能夠見到任何一位軍官。假設那些軍官否認指控，記者就會要求探視兩位受監禁的學生，因為除非傳言屬實，否則軍官並沒有理由拒絕探監的請求。我們大約是早上十一點看到學生在街頭演講，當時我們剛開始找住宿地點，後來就聽聞他們已經遭到逮捕，而且衣袋裡都已備著牙刷和毛巾。有些人說遭逮捕的學生人數不止兩百，而是多達一千。光是在北京，參與罷課的學生就有一萬人左右。顯然，女學生上街示威的舉動震驚了師長，許多學生的母親都去到現場，目送她們步行前往離校頗遠的大總統官邸。如果他避不見面，她們將漏夜佇立在官邸外，待到他願意接見為止。我猜會有民眾幫她們送食物。聽說遭監禁的學生在今天清晨四點時才有了些寢具可以休息，而且到了更晚才有東西吃。大樓內有水，也有空間讓他們躺下。比起真的被關進監獄，他們現在比較乾淨，而且大夥兒還能待在一起，肯定好過得多了。

1本信出自愛麗絲．杜威筆下。按「約翰．杜威書信集」資料，此信應是斷斷續續於六月一日及五日完成，標記五日寫成的內容，收錄於本書二〇六頁。

2時任中華民國大總統的是徐世昌（一八五五—一九三九），與袁世凱、北洋軍閥等均關係密切。

3當時中國仍未有男女合校，五月四日事件發生當下，女學生因為訊息閉塞、師長管理嚴格等原因無法參與遊行。隔日北京女子高等師範學校（今北京女子師範大學）學生得知運動消息後，開始聯合華北協和女子大學、貝滿女校、慕貞中學、培德女校、篤志女校、女師附中、中央女校等女校學生代表開會，並成立「北京女學界聯合會」，展開集體行動聲援，其中以六月四日的請願活動規模最大，有千餘名女學生參加。這些女校中有許多教會學校，其中華北協和女子大學與貝滿女校是美國公理會設立的學校。

4據胡適寫給上海《時事新報》主編張東蓀的信件內容，他六月四日去探望時有一百七十六名學生被關在北京大學法科大禮堂。

北京

六月二日[1]

你們或許會想稍微了解我們今天一早的狀況和目前的住處。首先，這是一間大飯店，每個客房內都有衛浴。隔著一條大馬路，對面是使館區外牆，牆內有樹木，還有許多宏偉建築，象徵著中國應有卻未有的一切。天氣很類似我們那裡酷熱的七月天，只是比長島的八月缺水期還乾燥。我猜北京的街道是全世界最寬的，我們飯店這條馬路就沿著這中國城市的紅色圍牆，牆上有你們在照片裡可以看到的宏偉大門。路面中央鋪了碎石子，兩側是供人車行走的較寬路面。幸好在北京這裡有優秀的馬匹，人們不必負重拉車。雙向路面上有深深的車輪痕跡，裡面有許多極細的砂石，只要有人踏過或馬車經過，塵土就會揚到空中。我們的房間面向這條馬路的南側，一整天都有陽光穿過竹蔭透進室內，熱烘烘的空氣將灰色的塵土帶進房間，包括自己的皮膚等所有東西摸起來都沙沙的，有種詭異的乾燥觸感，令人總覺得該立刻取水沖洗。我正慢慢給自己養成習慣，適應下午時應該關上窗戶和內側的百葉窗簾。在與紐約相同緯度的地區，每年春季居然都會發生這種天乾物燥的現象，這不是很奇怪嗎？儘管如此，田裡的作物依然生長著，田裡的土壤是堅硬的灰土，想當然耳長得稀疏。這裡幾乎沒有樹，即使有，也不是高大的那種。穀物差不多可以收割了，蔥頭也熟成了。過陣子會有大雨，然後再栽種新的作物。花都謝得差不多了，沒看到知名的牡丹眞可惜。有趣的是，他們都喜歡小株的牡丹，即使是樹木型的品種也會被砍斷，修剪成我們國內的牡丹那麼矮小。由塊莖生長的牡丹[2]則每年都會移植一次，或用其他方式保持得小小的，開出的花朵都小巧迷人。我先前看到白透玫紅的牡丹，還以爲是玫瑰花。這種牡丹的花蕾跟我們大白玫瑰含苞待放時幾乎一模一樣，而且香氣十足。牡丹花床架設在固定於磚牆邊的露臺，通常是長方形或橢圓形，就像在桌上放的巨大布丁模子。有時則會種在平地上，外圍加上設計華麗且有幾何圖案的竹籬，通常會圍成正方形，讓每根樹枝都有生長的空間。內城有許多這種牡丹花床，種著樹種和塊莖品種，只不過現在都只有葉子可以欣賞。

昨天我們去了夏宮頤和園，今天要去參觀博物院。博物院就在紫禁城內，到時我們就能踏入皇室的聖地了。夏宮真的很美，但如今卻有股哀傷的氣息，整體建造規模似乎太過龐大，不符實際生活所需。有一排長達一哩的涼廊，飾有綠、藍、紅色彩繪，在他處可見後人效仿設計。我們透過一扇窗，一窺知名的慈禧太后像，看起來就跟我在紐約展覽中所見的一模一樣。奇怪的是，這張肖像依然歸其家族所有。一綑綑巨大且貴重的地毯和窗簾堆在室內，上面覆蓋著一層厚厚的灰塵，甚至已經無法分辨桌面到底是什麼顏色。景泰藍花器，或該說這種遠近馳名藍色器皿的形影，就立在那幅年長女士肖像下方。這裡的一切都將面臨荒廢毀壞的命運。我們在此四處走動，思量著如果革命來臨，這裡或可改作何用。拋開中國發生過革命、已是共和政體的想法吧，我們在美國時就是這麼被誤導的；現在的中國是古老官僚體系的腐敗殘骸，而這套體系正是滿族皇室貪汙墮落的核心，也是滿清興盛的關鍵。年幼的皇帝現在十四歲，[3]就住在這裡的寢宮內，身邊有宦官、老師和兩位母親。

想來也眞有趣，他們讓他繼續當皇帝，但是除了民國政府每年提供的優待條件，[4]他根本沒有什麼錢，所以都沒人在意他，唯有日本人一心想在可自行掌控政權之前能復辟皇室。目前的局勢看起來，要不是和會受到了外界的些許壓力，日方大概早就準備好了。你們最好去讀讀關於現況的書，因爲這是一生難得一見且最令人驚奇的事了。

昨天我們去了一個朋友的家。他們家很好玩，我會想住在像那樣的房子裡。屋內的水全都靠挑水夫每天送來。這棟小房子有十八個房間，圍著一個庭院，換言之，有四棟獨立的屋舍，人們必須走到戶外才能出入不同屋舍。就算溫度計上氣溫下降到零下二十度，還是得這麼做。每間屋舍的一樓都鋪了石頭地板。我們並不是每一間房都看過。有些房間糊著紙窗，有些則裝了玻璃窗。夏季時，他們會在院子架起臨時的大棚子，用蓆子組成，高於房舍屋頂，既通風又能遮蔭。

1推測本信出自愛麗絲·杜威筆下。

2此處應指芍藥，牡丹與芍藥同屬芍藥科芍藥屬，兩者外型相似，在英文中名稱皆爲peony，故被混同而談。牡丹（tree peony）爲灌木木本，芍藥（herbaceous peony）爲草本，是不同的植物。

3溥儀生於一九〇六年二月，此時應僅足歲十三。應是當時杜威夫婦周遭大都還是習於採虛歲計算的中國人，故愛麗絲·杜威寫信時直接記下十四歲。後文約翰·杜威提到溥儀時，則是寫十三歲。

4民國元年頒布「清室優待條件」，將退位的溥儀軟禁於宮內，但得以保留皇帝稱號，且每年由中華民國政府給予一定金額供其花用。其餘皇室人員亦享部分優待。

六月五日[1]

現在是週四早晨，昨晚我們聽說前天有約一千名學生遭逮捕。昨天下午，有位朋友取得通行證，進到了監禁那批學生的大樓。[2]被捕的學生已經佔滿了法科大樓，改而被送進理科大樓，因此教職員今天必須改到教會大樓召開教職員會議。一直到昨天下午四點，當天十點被關進去的學生都還沒有東西吃。有位朋友便出門，去學校弄了一點錢，然後大家訂了一車麵包送進去。所謂的麵包其實指的是些小塊的糕餅，在我們那裡有時也稱為發酵餅；而我猜所謂的「一車」，也就是裝糕餅的手推車吧。無論如何，男學生總算有了些食物，但並不是警方花錢。就整體而言，警方似乎勢必面臨挫敗；校內大樓很快就會擠滿學生，有愈來愈多情緒澎湃的學生不斷被送進來，而最不可思議的部分正是警察為此相當意外，因為他們原先認為逮捕行動能夠發揮殺雞儆猴的作用。所以說，大家都學到了教訓。今天早上，有位朋友要帶我們去大學那裡，看看軍警紮營的情況，我希望他也能帶我們進入校園，只不過機率應該不大。

就我所知，中國人現在已經到了發展進步的關鍵階段，必須爲女性做些改變，又極盡所能地保守行事，但到了他們必須設立女子學校的時候，就把這女校當成個方便的地方，用來擺脫眾人再也無法忍受的老古板官員。

目前沒有人可以判斷罷課行動會引發什麼情況——可能帶來一場革命，也可能對（不意外地）缺乏想像力的警方帶來什麼意外消息。這裡的每個人都準備好要去避暑了，因爲到七月時會非常炎熱。整體而言，氣溫可能不如紐約那麼難受，因爲天候比較乾燥。但是乾燥也有乾燥的壞處，強風形成惱人的沙塵暴，沙塵飛入室內，割劃著我們的皮膚，還會被吸進我們體內。今天非常幸運，是陰天而且有點潮濕，好像快下雨了。

西山之旅是一次令人難忘的經驗。你們爸爸、一位教育部公務員[3]和我先是乘著福特豪華大轎車，再換坐轎子。抬轎的有四個，旁邊還有一位負責護送，這樣算起來帶著我們去寺廟的共有十五個人。他們在風沙中走過鋪石子的小徑，地上那些石頭都沒人想撿。若將西山稱爲休憩聖地，那可眞是令人吃驚，我們簡直目瞪口呆。我們看到了三間寺廟和一座御花園。有座建築內有五百尊佛像，而且所有建築都已汙損、殘破不堪。山頂有座巨大的建築，是四百年前左右有人至少花費百萬銀兩爲自己建造的墓地，後來他做錯了事，八成是偷了不該偷的東西，所以無法葬在那裡。[4] 寺廟周邊有許多樹木，形成了一片令人心曠神怡的空間，還有幾處秀麗山泉。一路上我們不斷地說：「眞該多種些樹。」得到的回應不外乎：「沒錯，但要很久才能長大」，或者「是啊，但樹長不了的，這裡太乾了」之類的。有時他們會說：「對，我們是得種些樹了。」或更像是：「確實，我想我們可以找時間種些樹，不過我們已經有個植樹節了，但也有人會砍樹，要不然也是有種樹的。」我們就說廟旁有樹，表示樹在這裡是長得成的，而且附近還有草地，草都能在這麼乾燥的氣候下生長，樹也可以，然後他們會再重複一次相同的話。這裡顯得南京的那間小小林務站像是個重大發展。烈日當頭，路面石子下的塵土不斷揚起，轎子上下晃動，就像轎夫在爲我們做瑞典式按摩。我們上下汽車的時候，有五十多個男子站在四周，而我們參觀寺廟、中午用餐、悠閒啜茶時，則有五名男子隨侍在側，但是他們卻不會種樹。這就是中國。

這整個國家完全是由石頭覆蓋著，那是自然形成的，而且舉目皆是斷壁殘垣。不過，我們還是發現了一件很棒的事。他們爲了當地村落的孩子，正在興建一座新的校舍兼育幼院。這附近的許多孩子都裸著身體，頂著頭上的曬傷，背上覆有厚厚的砂土，站在街上吃著豆製品。到處都可以看到食物就擺在路邊的桌子上，可以隨時取來吃。在某間寺廟內，有位官員答應要重建一座供著笑面佛的神龕，那尊佛像是黃銅造的，原本是塗了一層亮漆，如今大部分都剝落了。現在那尊佛像就在荒廢坍塌的雜物堆中，唯一的遮蔽物是後來人們搭起的草棚。民國大總統建造了美觀的仿古大門，因爲這種大門具有吉祥意義，可以爲他帶來好運。但他後來認爲大門不祥，引發神明不悅——我搞不懂究竟怎麼回事。總之，現在又要拆除其中一側的扶壁，看看能不能扭轉運勢。至於他所求的好運是什麼，我並不曉得，或許是讓他能夠當上皇帝吧，因爲他們似乎都覺得這是擺脫貧窮、解決政治弊病的方法。我剛剛忘了提到，他們從來不清除廢墟殘壁，建築倒塌之後就一直維持原樣，所以可以輕易了解神像的製造方式。多數神像採泥土製成，在木頭框架敷上某種混凝土。因爲他們亟需木材，我從沒見過寺廟倒塌之處有斷梁堆。反倒是你自身必須要有點安全意識，避免經過搖搖欲墜的屋頂下方，因爲那根本就是拿命去賭。在大多數類似這樣的北京寺廟中，確實會有人清掃地面，而甚至有些塑像看起來像是偶爾撢過灰塵，只是這最後一點我實在不太確定。

1本信出自愛麗絲．杜威筆下。

2胡適在六月四日借到了有京師警察廳總監印章的執照，進北大法科探望學生。

3原信中提到這位公務員姓 Lu，「約翰．杜威書信集」推測可能是中國近代知名作家兼翻譯家魯迅（一八八一—一九三六）；他在一九一二至二六年曾任中華民國北洋政府教育部公務員。

4此處應為北京西山碧雲寺，始建於元朝；到了明朝，先後兩位宦官于經、魏忠賢均看中此地風水，故經營此寺廟並加以修繕擴建，欲做其死後葬身之地，只是兩人皆未如願。作者稱約四百年前之人，指的應是于經，其墓穴尚未修建完成，便於一五二一年因貪汙入獄，後來死在獄中。碧雲寺羅漢堂內有羅漢像五百餘座。

北京
六月五日[1]

如我先前所說，局勢很難說。學生之所以情緒如此憤慨，是因爲政府查禁學生聯合會，甚至下達指令批評抵制日方的行動，並闡述眾人要求撤職的那兩位官員[2]爲國家有多麼偉大的奉獻，所以學生族群積極採取了行動。除此之外，他們的憤怒也來自於警方命令關閉兩所學校的工學部。學生之前就是透過這些科系，開始了解哪些日本進口商品可以利用手工取代，而不需等待資金投入。他們搞懂之後便走上街頭，到商店裡教導人們如何自製，再向他們宣揚理念，順道進行演說。昨天我們外出時，注意到上街演說的學生人數超越以往。雖然到處都是軍警，但學生絲毫不受影響，下午時有約千名學生上街遊行，甚至還有警員隨隊護送。後來到了傍晚，大學那裡有人來了一通電話，說監禁學生的大樓周遭軍營已經撤去，士兵也都走了。內部的學生召開會議，決議詢問政府是否能保證讓他們自由演說，否則打算繼續上街演說的他們不願離開大樓，因爲離開後也只會再度被捕。於是，他們整晚都待在「監獄」裡，故意讓政府難堪。我們今天還沒有聽說事情發展得如何，但街上不見任何軍警，我們去過的地方也都沒有學生在演說。我猜想他們在試著化解衝突時，也決定利用這段時間讓雙方好好冷靜。政府這次投降得不太光彩，一部分是因爲監禁空間不足，而且前天逮捕一千名學生之後，昨天上街演講的學生竟攀升至前一天的兩倍左右，政府這才了解到他們嚇阻不了學生；還有一部分是因爲上海的店家前天發起罷市，坊間傳聞北京商家也正在準備跟進。事件發展至今，再次證明這眞是個奇特的國家，所謂的共和政體根本就是個笑話。他們淘汰了不會隨便下臺的皇帝，治國與斂財的事反而在各黨派間不停轉移。前陣子，也就是幾個月前吧，有個大軍閥邀他的仇敵在北京共進早餐，然後在牆邊將這位座上賓當場槍斃。這動搖了他的地位嗎？他還是在老位子上坐得好好的。但就某方面而言，中國確實比我們更加民主。如果暫且不談女性，他們已經落實了社會平等；儘管民意機構徹底是齣鬧劇，但民眾像現在這樣積極表達意見時，確實可以看出輿論的影響力相當大。有些人認爲貪腐無能的官員會立刻辭職下臺，另一派則說，掌握軍權者不可能認錯，而是會嘗試發動政變並奪取更多權力。幸好，軍閥之間似乎也出現了意見分歧。不過所有學生（和教師）都很害怕，即使目前的黨派被推翻，也只會換上另一批半斤八兩的人選，所以他們都避免求助軍隊。

稍後——學生要求警察局長私下來護送他們並向他們道歉。這看起來就像是一齣諷刺喜劇，但毫無疑問，他們至今展現出的機靈睿智和策略手段都已經超越政府，使政府淪爲笑柄，這在中國可是相當致命的錯誤。然而，政府也不是毫無作爲，他們新任命了教育部長和大學校長，[3]兩位都是德高望重的紳士，沒有特別的記錄，也沒有明顯的個人色彩。眾教職員大概會拒絕接受新校長，除非他提出令他們滿意的聲明——但顯然他做不到，所以勢必會再發生一波衝突，將教職員捲入其中。如果政府有那個魄力，就會直接解散大學，但在中國，學者畢竟擁有神聖不可冒犯的形象。

1本信應出自約翰・杜威筆下。

2事實上應爲三位官員：曹汝霖、章宗祥、陸宗輿。

3原教育部長傅增湘已請辭，此處新部長係指原教育部次長袁希濤，受命暫代部長職務。而北大原校長蔡元培出走後，新派任的校長爲胡仁源，他曾任北大代理校長、工科學長。

六月七日

1

學生事件的來龍去脈相當有趣，更有意思的是，上週五有學生舉著布條上街遊行，發表演講的同時還夾雜著歡呼，警察就像是守護天使般站在他們身旁，沒有任何人被捕或受到干擾。我們聽說警方有禮地要求一位正滔滔不絕的學生稍微挪動一下，因爲圍觀人數眾多，造成了交通堵塞，但警方並不想爲此負責。至於自願留在監禁地點的學生，他們一直等著政府道歉並保證言論等各方面的自由，政府則在上週六向其致上了歉意。據說學生在昨天早上離開了大樓，只是我們並沒有掌握準確的資訊。該大學教職員召開會議，拒絕承認或接受新校長，還派了代表向政府表明立場，還有另一人則前往拜訪新校長，陳述教職員決議並要求他請辭。新受命的校長好像是該校前工科學長，在政治鬥爭中被踢出學校，目前爲袁世凱那幫人手下的官員，而且已是馬來地區的富有橡膠商。總而言之，他們不希望區區一介橡膠商來接任北大校長，並打算向他解釋，這個職位並不如他原本所想像的那麼誘人。

這座城市裡的所有公開集會都落實著性別隔離政策。如果在戲劇院，女性會被集中到其中一個樓層的看臺，應該說我們認爲那曾是看臺，但現在已經不是這個用途了。教育局大廳內規畫女性使用的空間還算理想，一側朝向大廳，讓所有男性都能輕鬆看到她們，也因而保障了所謂的女性矜持。矜持這個詞，我來中國後聽過的次數超越了先前好幾年。

這裡的汽油一加侖一銀元，一臺福特汽車一千九百美元；五塊象牙香皀[2]要價一銀元，洋裝清潔二點五美元，牙膏每條一銀元，凡士林則一小罐五角錢；一般衣服（包括女裝和男士大衣、襯衫）送洗每件三分錢；聘請廚師一個月十塊錢。他們就請了一位很棒的廚師，我絕對會因爲美味的中式餐點而發胖。全新的洛克菲勒研究院名爲協和醫學院，[3]距離這裡非常近，建築採古典中國風格，非常美麗，衛生條件自然也相當良好。他們剛決定開放女性入學，但我懷疑相關要求會使女性在初步階段就不合資格。

北京依然具備許多一流城市的特質，外交使者與傳教士兩個族群分立。要不是還少了慈禧太后，否則幾乎可以重現舊時的北京了。

1推測本信出自愛麗絲．杜威筆下。

2象牙（Ivory）是美國寶僑集團旗下的知名香皂品牌，成立於一八七九年，至今仍是相當大眾的洗浴品牌。

3一九〇六年由英美數個教會聯合創辦協和醫學堂，爲該校前身。一九一五年，洛克菲勒基金會（Rockefeller Foundation）收購學堂。隔年美國建築師查爾斯．柯立芝（Charles Coolidge）來華考察，參觀清代豫王府遺址，設計出中西合璧的建築。一九一七年洛克菲勒基金會捐資，正式創辦協和醫學院，並建立附屬的北京協和醫院。今該校與中國醫學科學院合併，且仍是中國首屈一指的醫科學校。

北京 六月十日[1]

學生用了些手段，使自己暫居優勢，但我不願預想接下來中國會如何。我週日早上在教育局大禮堂演講，當時局內的官員都還不知道發生了什麼事。不過政府派了一位協商代表去找自主監禁的學生，表達政府承認錯誤並向其致歉，學生因此得以邁著勝利的步伐走出監獄，而且昨天的街頭集會甚至比以往更盛大、更熱血。再前一天，他們還向四位非官方代表叫囂以表達不滿，因爲這幾人曾請求他們離開臨時監獄，但事後並未道歉。然而最大的勝利在於，最新報導表示政府會在今天發布指令，將不斷被稱爲賣國賊的三人撤職。其實昨天官方就已將其中一人革職，也就是住宅於五月四日遭學生闖入的那位，[2]但抗議民眾表示這還不夠，所以政府現在又再讓步。目前還無法判斷，罷市商人是否會就此善罷干休，還是會在首輪得勝之後提出更多要求。當然，現在相關的傳言很多。有人說，政府的退讓並不僅源於商人罷市，也是因爲擔憂無法再仰賴士兵支援。甚至有人謠傳，西山的軍隊將移師北京支援學生。流言蜚語眞是中國人的強項。你們想想，我們才來了不到六星期，就徹底開了眼界。我們在美國時，都認爲這個國家發展停滯不前、不思改變，但如今確實有些事不太一樣了。

這裡就像全世界最大的萬花筒，無奇不有。

威爾遜總統的陣亡將士紀念日演講[3]才剛刊出。這件事對美國人而言似乎帶了點學術氣息，但在這裡，中國人卻認爲內容相當合乎實際，甚至感受到了強烈的威脅。另一方面我們也持續接到消息，指出華盛頓的國務院拒絕承認中國發出報導的眞實性，而且近來還派了不少祕密特務來這裡，想取得獨立資訊。

談論美國的民主發展時，只要我說美國人不依賴政府來爲他們做事，而是挺身而出爲自己奮鬥，總能立即引起熱烈回響。就社會性而言，中國人是非常民主的民族，只是中央集權的政府使他們失去了熱忱。

1本信出自約翰・杜威筆下。

2指的是時任交通總長的曹汝霖。五四運動當天，情緒激動的學生闖入曹汝霖家，要求曹針對割讓山東一事給予交代，曹聽到風聲躲了起來並順利逃走，當天正好也在他家的章宗祥被學生逮個正著。學生將章誤認爲曹並痛毆一頓，然後放火燒掉曹宅，此事即爲「火燒趙家樓事件」。

3陣亡將士紀念日（Decoration Day）爲美國重要節日之一，又稱「國殤日」，主要紀念在美國南北戰爭中陣亡的將士，到了一九一八年後，因一戰而轉變爲紀念各種因戰爭身亡的士兵。此處指的演講是威爾遜總統（Thomas Woodrow Wilson）在一九一九年五月三十日於巴黎近郊的敘雷訥美軍公墓與紀念館（Suresnes American Cemetery and Memorial）發表的悼念一戰陣亡士兵演說，其中呼籲大眾應完善巴黎和約、建立國際聯盟，盡一己之力防範戰爭再度發生。

六月十六日[1]

就中國而言，我們邁入了另一段停戰期。那三個「賣國賊」的辭職均已獲准，內閣正進行重組，罷課、罷市和罷工（鐵路工人罷工是迫使政府態度軟化的最後一根稻草）都宣告結束，唯一的疑問是：接下來呢？有跡象顯示，極端軍國主義分子正摩拳擦掌打算東山再起，而人稱行事溫和且手腕高明的大總統也蓄勢待發，醞釀著要掌握更多權力。儘管他先前發布的指令與學生理念不合，還表揚了所謂的賣國賊，但這次學生族群勝利，似乎也鞏固了他的地位。我真是搞不懂，不過這就像是書封底內容摘要的其中一段：他將國內軍閥的弱點攤在大家面前，卻又在形式上和這些軍閥站在一塊，讓他們無從抨擊。他們正利用匿名傳單相互抨擊，幾乎所有人都受累。有一份流出的傳單署名處寫著「一千三百五十八名學生」，但並未提供眞實姓名，內文闡述罷課、罷市等行動的唯一目標是收回青島主權，但有少數分子卻試圖藉機滿足私欲，其中一人還妄想成爲北大校長。

1本信出自約翰．杜威筆下。

北京　六月二十日[1]

前陣子我決定告訴你們，我發現人類可以成功複製蜂群的生活模式。中國就是這樣，徹底落實了社會化；沒有人可以獨立完成任何事，也沒有人可以快速完成任何事。蜜蜂總在人前不斷尋找自己的巢室，找到之後才發現，哎呀！原來一直近在眼前。我來舉個例子。

我們去美術學校[2]演講，要從某間長形大廳一端的門進去。大廳後方有個大房間，另一邊還有一個房間，男士都在那裡面泡茶。我們進來的前門附近有張桌子，演講前後他們都會請我們坐在那裡休息，喝些茶或汽水之類的。茶杯收在靠前門第一個房間前側的櫥櫃裡。來了一位先生，大概是從後面走出來的。他的步伐安靜而沉穩，穿過大廳走向櫥櫃，兩手各拿一個茶杯朝後面走去。過了一段時間，他端著裝滿熱茶的兩個杯子回來。他將茶放在桌上給我們，再去拿兩個杯子後消失了一陣，又跟剛剛一樣再度出現。至於汽水，他們會在開瓶後把瓶子拿到桌邊，並不是爲了少走幾趟，而是因為汽水開瓶之後風味會變。

中國廚房都離飯廳好幾呎，而且不在同間屋子裡，通常要穿過一個院子才能往返廚房跟飯廳。我們來這裡之後都沒下過雨，所以不曉得撐著傘端湯會怎麼樣。但別忘了，蜂巢正是中國社會的縮影，而且還是過時的那種養蜂木桶。當你看著忙碌的人們，會覺得他們所散發的氣息展現出堅強而安靜的特質，彷彿他們做什麼都能成功，不過等到進一步認識，就會不禁讚嘆，他們居然可以如此一事無成。清華學堂[3]（也就是利用庚子賠款創辦因而聞名的那所學校）的校舍都是全新落成，建設經費來自美國退款。校舍廚房都距離飯廳門口四十呎。我就不再贅述廚房了。那不過就是個東破一塊、西破一塊的土窯，沒有流理臺，陰暗小房間的一側還有扇窗，廚師就睡在這裡的床板上，他們就是在這吃著粗茶淡飯，簡直完美重現了中世紀的生活樣貌。

1推測本信出自約翰・杜威筆下。

2指的是蔡元培於一九一八年成立的國立北京美術學校。該校是中國史上第一間政府創辦的藝術教育學校，當時屬於中學，後幾經變革、改制，發展成今日的中央美術學院。

3即今日的北京清華大學。

北京

六月二十日[1]

上個週末，我們到了約十哩外的清華學堂。這所高等教育學校是利用退還的庚子賠款所創立，高中課程以外，還涵蓋兩年左右的大學課程，最近有六、七十人剛畢業，明年即將前往美國完成學士學位。他們即將前往不同的學校，大都是小型社區大學和中西部的州立學校，錄取麻省理工學院的人數眾多，史蒂文斯理工學院的不在少數，不過沒有人會去哥倫比亞大學，因爲哥大位在大都市——但我不明白，因爲霍博肯[2]其實也差不多。中國有很多哥大畢業的校友，但他們都是去攻讀研究所。毫無疑問，他們不在一開始就選擇大都市是個明智的決定。他們的所有課程皆以英文授課，只有詳細講解時使用中文，這些男學生似乎都已講得一口好英文。我們該感到羞恥的是，他們到美國後勢必會在還沒習慣時，就受到不平等待遇，甚至必須忍受他人羞辱。等他們回到國內，還要經歷更難熬的階段，重新適應環境。他們已理想化了祖國，同時在不知不覺中又受到美國文化影響，所以很難找到可以餬口的工作。太多人告訴他們，他們就是拯救祖國的理想人選，但後來發現國家根本不需要他們，因此不禁做起了比較，並了解到中國落後的現實與各種嚴重的國家問題。在此同時，他們內心深處或許又有著每個中國人都深信不疑的中華文化優越感——可能眞是如此吧，三千年文化確實有股令人難以招架的魔力。

你們這輩子如果有機會來到這裡，不妨稍微了解一下錢幣知識，其中的奧妙大概全世界只有中國銀行家可以掌握了。十一枚一角銀角等於一銀元或六枚二角銀角；一角銀角相當於十一枚銅元，但一銀元等於一百三十八枚銅元。[3]所以生性節儉的人出門，都會帶著重達一、兩磅的大銅幣，用來付黃包車錢。此外，紙幣的類型也是五花八門。我們明天晚上要去西山，我按他們的指示去換了幾塊錢，每銀元只要六角五分，因爲在這裡的火車上，六角五分就能抵整整一銀元，到其他地方顯然就不是這麼回事了。相對地，外國人都是在飯店換匯，一元只能換到五個兩角硬幣，以此類推——只不過這類業務都是由外國人經營，而不是精明的中國人。還有一件你們可能會很驚喜的事，北京受到美國文化影響很深，我們每天都可以吃到至少一次冰淇淋，而且一次就是兩大份！相信這有助於你們理解這裡的發展程度。

聽我一句勸：千萬別問中國人之後會不會下雨，或是任何天氣預測相關的問題。他們認爲烏龜會預測天氣，而且又將烏龜視爲世上最低賤的生物，從這裡就可以看出，這種問題有多麼汙辱人。在前陣子的運動中，他們運用一種方式巧妙地向日本人「致敬」，就是利用他們從路人頭上摘下的日本製草帽，裁剪成類似烏龜的形狀，然後釘在電線杆上。

對了，我發現自己先前將北京學生的首波示威比喻成大學生在打鬧，這並不公道。現在看來，整個事件其實是經過縝密規畫，甚至在可能眞的演變成動亂之前，就已經順利落幕了。當時有一股政治勢力確實正打算發動示威，學生唯恐行動與其並行，會顯得像是在聲援那個政治派系，但他們的訴求是以學生身分獨立行動。想像一下，如果要美國十四歲以上的青少年挺身而出，發起肅清改革的大規模政治運動，並激勵商人與專業人士加入他們的行列，會是什麼情況。就這點看來，中國眞是個了不起的國家。

1本信應出自約翰·杜威筆下。

2霍博肯（Hoboken）位於美國紐澤西州哈德遜河畔的一座城市，史蒂文斯理工學院便在此處。根據美國官方統計資料，二〇一七年該市人口尚不足六萬人。不過隔著哈德遜河，對岸就是哥倫比亞大學所在的紐約市。紐約是全美人口最多的城市，最新統計數據顯示人口逾八百萬。

3中華民國於一九一四年頒布「國幣條例」後即行銀本位制，幣值單位爲元，但民間流通的貨幣相當多元，甚至包括墨西哥銀元、西班牙銀元等外幣，還有各種銀、銅輔幣，分別稱爲銀角、銅元，在兌換上相當混亂。而且在現實生活中，銅元、銀元、銀角並非以十進位互兌，而是隨時隨牌價波動。根據鄭起東考察撰寫之《通貨膨脹史話》（社會科學文獻出版社）所述，「一九一九年底每銀元可兌銅元一百三十六枚」、「（清末民初）一般是每（銀）元兌換十二（銀）角左右」，故此處幣值係參考此書敘述進行翻譯。此書中銀元、銀角、銅元的原文分別爲dollar、dime、copper；作者在原文中提到美元時，則會避開使用dollar一字，而是直接以美元符號$表示。

北京 六月二十三日[1]

昨晚我們到了一位中國官員的家中共進晚餐，全場除了我和主人家十四歲的女兒以外，都是男性。[2]這位千金曾在這裡的英國學校受教育，說得一口漂亮的英文，是個聰明伶俐又活潑可愛的女孩。這個年齡的中國女孩通常都比美國女孩老成。他們家有五個小孩和兩位夫人。我發現之所以讓女兒擔任宴席上的女主人，是因爲要從兩位夫人之中挑出一位相當尷尬，他們也不想讓我們留下壞印象，所以沒有任何一位夫人出席。關於夫人缺席一事，他們說是因爲她生病了。家裡有個六週大的新生兒。這位父親是位細心優雅的嬌小男子，非常以孩子爲榮，也很疼愛他們。他把所有孩子都帶出來與我們打招呼，就連才六週的嬰兒都被抱出來了，小娃娃穿著一襲精緻小巧的紅衣裳，很暖的樣子。男主人是某自由派進步主義政黨的領袖，也是一位藝術收藏家。我們原本期待他會向我們展示一些個人收藏，可惜沒有，我們只欣賞了擺在桌上的精巧瓷器。他們家很大，位於他們稱作紫禁城的皇城城牆後方，可以看到那座知名的古塔，[3]非常有趣。我們坐在院子裡享用咖啡。這裡似乎還有很多庭院，一個接著一個，中國人都是這樣設計的，有時會有十四個以上，分別由一排排的房舍圍起來。

至於宴席本身我忘了說，廚師技藝精湛，是個福建人，爲我們準備了極其美味的中式料理，而且菜單上還附有法文菜名。這裡的料理通常會按地理位置命名。在北京，多數人是來自四面八方，大都市都是這樣，但是他們似乎都會聘請廚師，依據原籍省份偏好的口味來烹調。他們家會吃冰淇淋，說明他們具備人類與生俱來的品味，但主人家的女兒告訴我，他們不會讓病人吃，因爲他們還是認爲病人不該吃任何冰冷的食物。

附近的人們這陣子都忙著小麥去殼的工作。先以鐮刀收割，再由女性和小孩拾穗，然後將主要收成鋪撒在房屋附近堅硬的地面，讓一對拉著滾輪的驢子在上面踩踏，讓小麥脫殼。他們用的滾輪與我們園藝用的碾壓滾輪大小相近。小麥脫殼後還要簸穀。所謂的簸穀是將麥子拋向空中，讓風吹去碎屑雜質，需要好幾個人花不少時間才能完成，然後讓剩餘部分回歸大地之母。這一帶的麥子顆粒很小，聽說是因爲今年較爲乾旱，所以小麥比往年還小。玉米也很小，不過從這裡到先前去的山丘地，一些零星的小片田裡還有些玉米尚未長成。花生和地瓜已經種下了，似乎在沙土地裡長得很好，前幾天的雨使土地有些滋潤。

1本信應出自愛麗絲．杜威筆下。

2作東的這位中國官員便是林長民。林長民祖籍福建，當時擔任國際聯盟同志會理事，也是進步黨、研究系重要幹部。而杜威夫婦信中提到的這位十四歲千金，便是林長民長女林徽音（因），曾就讀英國教會創辦的北京培華女子中學。

3即今北京北海公園中央瓊華島上的白塔，爲北京標誌性建築，屬於藏傳佛教。北海公園位於北京故宮西北側，是歷史悠久的皇室宮苑。

北京 六月二十五日[1]

來談些生活方面的事吧。中國的所有木板都是人工鋸出來的，需要兩人共用一把鋸子，用的是那種橫割式的厚背鋸，齊心合力來回切割。新落成的北京飯店[2]是棟大樓，並不採用現成的窗框，而是直接將巨大木材切割成符合窗框的長度。吐痰是常見的事。通常女學生報告要暫離座位之後，會穿過教室，走到痰盂邊用力吐一口。小型的香瓜可以吃了。這種香瓜有點像成熟的黃瓜，雖然不大，但是很甜，苦力和男孩子都會在街上就連皮帶肉整個吃掉。小孩會吃小顆的青蘋果。桃子很貴，但如果拿到了還沒軟的青色桃子，他們也不等成熟就會直接吃掉。盆栽裡的石榴紛紛開花結果了，呈美麗動人的鮮紅色。池裡的蓮花也都盛開著，顏色比玫瑰更深，非常漂亮。蓮花含苞待放時，看上去彷彿花瓣即將爆炸，用鮮豔濃烈的色彩填滿空氣。大大的荷葉色彩明亮而討人喜愛，有著淡綠色的葉面，以及細緻的葉脈紋理。不過蓮花從來就不屬於藝術範疇，是宗教賦予了它藝術的意義。這些神聖的池塘保存得十分良好，位於紫禁城的古老護城河內。北京的男性人數是女性的兩倍。

我們週日去參加了一場中國人的婚禮，地點在海軍招待所，看起來跟我們的典禮沒什麼差別，新郎、新娘都穿著國外傳統禮服，也有戒指。宴會上有整整六桌的男人，另外三桌沒有坐滿，都是女人和小孩。在中國，女人去哪都會帶著孩子和女傭嬤嬤——我是說不管要去哪裡，都會帶著他們；這是種習俗。婚禮上除了少數幾個歸國學生，沒有任何男人向女人說話。一百二十顆雞蛋要價一美元，不過我們的住處什麼都不缺。男人出門散步時會帶著鳥，有些人是提著鳥籠，也有人會拿繩子繫住一條鳥腿，然後將另一端綁在鳥休憩的桿子上。

1推測本信出自愛麗絲．杜威筆下。

2北京飯店（Hotel de Peking），今北京飯店諾金，是一九一七年由中法合資的中法實業銀行出資建成的七層樓建築。

北京 六月二十七日[1]

我們竟然離開了日本，這可眞是個奇蹟，是命運的安排。現在，我看到任何旅人的寫作，只要讀十行就能分辨他大致的旅程距離範圍。你們務必將我的話轉告日本人。他們國家很漂亮，對待遊客也十分和善，而且非常懂得用最具藝術美感的手法讓一切事物看起來相當美好，或至少有些吸引力。即使是精心策畫的欺瞞，成果也絕對不及其十分之一；這眞是一種藝術天賦，能夠完美操弄萬事萬物的外在面貌。我在日本的時候，確實體會到那是個講究專業的國家，卻未意識到海外事務和外交也是一門專業藝術。

新上任的代理教育部長[2]邀請我們稍後一同用餐。他似乎沒有任何教育方面的經歷，但是向來講究協商；另一位代理部長則在發現自己控制不住局勢之後，便請辭而從此銷聲匿跡。眞正的自由派力量目前似乎仍嫌微弱，因而無法對政治產生實質的影響。鬥爭的雙方分別是據說受了日本影響的激進派軍閥，還有以大總統爲首、較無政治色彩的溫和派人士。大總統似乎只要一逮到機會，就拉拔自己的人上位；排擠敵方陣營的立即成效似乎有弊無利，但是至少他們行事正直，如果出現組織化的自由派力量打動了他們，或許就會予以回應。

不得不說，這裡眞的很熱。我們昨天大概中午時坐著黃包車出門，這可能是我這輩子感到最熱的一次，感覺就像在優勝美地，[3]只不過熱度更強烈、時間更久。唯一令人慶幸的是空氣並不潮濕，否則絕對沒有人受得了。只不過話說回來，沙漠裡也不潮溼就是了。媽媽昨天問拉車的苦力爲什麼不戴帽子，他回說因爲太熱了。你們可以想像一下，忍受著高溫烈日，以每小時五、六哩的速度拉著一個人，頭頂還被一百二、三十度的太陽[4]曝曬著，到底是什麼感受。在大太陽下幹活的苦力，大都頭上都沒戴東西，這肯定是所謂的適者生存，要不然就是後天性狀的遺傳。[5]他們對於各種生理不適現象的適應能力，絕對是世界級的奇蹟。你們眞該看看他們躺下睡覺的地方，簡直比拿破崙還厲害。這裡也是個人民居無定所的國家。我懷疑有很多黃包車夫都只睡在自己的車上。這裡很多人都是向街頭小販購買食物，這些攤販賣著各式各樣你想得到的熟食，除此之外，街上也有很多販售熟食的商店。

1本信出自約翰．杜威筆下。
2指傅嶽棻。袁希濤於五月十五日以教育部次長身分代理教育部長，六月五日便因無法調停學生運動而辭職，傅嶽棻在六月五日接替其教育部次長代理教育部長的職位。下文提及的「另一位代理部長」就是指袁希濤。
3優勝美地（Yosemite）是位於美國加州的著名國家公園，由聯合國教科文組織列爲世界遺產，以花崗岩地質、峭壁、瀑布、溪流等豐富美景著稱。
4此處指的是華氏溫度，大約是攝氏四十八度到五十五度間。
5約翰．杜威此處幽默地援引了生物遺傳學中相對立的兩大學派理論：前者源於達爾文天擇論，中心思想便是一般熟知的「物競天擇、適者生存」；後者則爲拉馬克的學說，他認爲生物器官用進廢退，而且這些後天獲得的性狀是可以遺傳的。

北京 七月二日[1]

雨季來了，現在經常遇到淹水，天氣也涼了，氣溫從將近一百度降到了七十出頭，[2]似乎又變回較為宜居的生活環境了。

這個國家很適合取景。我渴望成為一名中年中國男子，身材微胖，戴著寬邊草帽，坐在一頭嬌小而溫馴的奶油色驢子背上，沿著大馬路緩緩前行，手上搖著扇子搧風，一派知足又怡然自得，無論發生什麼事都能泰然處之的樣子。這絕對是中國相關書籍的理想扉頁主圖。不過這個笑話可能不適用所有中國人。

今天新聞報導，中國代表在巴黎和會上拒簽和約，這個消息似乎好得令人無法置信，但又無從得知究竟如何。也有傳言說，政府軍閥先前從日本那裡獲得了許多好處，現在卻讓主動找上門的日本吃了閉門羹，甚至打算拋開原本與日交好的過往，以忠誠愛國的形象東山再起。這個說法同樣未經證實，但我猜想民眾無論如何都會買帳，反正目前也沒有其他選擇。

1 推測本信出自約翰．杜威筆下。
2 華氏一百度約攝氏三十七、八度，華氏七十度則為攝氏二十一度左右。

北京
七月二日
星期三[1]

這裡的氣氛相當緊張。報導指出代表並未簽署條約，但是措辭模糊，徒留眾人揣測而無法掌握確實資訊；此時，學生組織之類的團體則開始對政府發動另一波攻勢，要求解散國會；目前內閣已不存在，[2]大總統也找不到人組織內閣；有一半的人眼看其他人發起罷工、罷市，也加入了他們的行列。

1本信應出自約翰．杜威筆下。
2原內閣國務總理錢能訓因五四運動引咎辭職，六月十三日由財務總長龔心湛暫代其職務。

北京 七月四日[1]

我們今天早上要去高等師範學校，[2]工學部主任會來帶我們。學生要在今年夏天建起三棟全新校舍；他們先前已經完成規畫、設計、其他細節等前置作業，目前一邊監督工程，一邊進行例行木工。負責帶領及接待我們的主任是在學生的鼓動之下，規畫出這項「國家級工業」活動的，現在還試著在同業公會的指導下，創辦學徒學校。他想從各家「工廠」（其實就是住在一起的一群人）挑選出資質最佳的學徒，讓他們每天上兩小時的課，希望藉此協助產業引進新的製造方法和新產品。人們想在這裡發展金屬加工業，而他希望這個產業未來能遍及全中國。比起我們和日本，這裡工業落後的程度，絕對是你們所無法想像的。所以這裡的市集總是充斥著劣質廉價的日本製商品，人們只是因爲便宜才買，畢竟這是爲了生存最容易的做法。但或許山東一事會值得的。棉花同業公會積極想要合作，而且如果學校能保證指導出優秀的工人，甚至有領導監督能力的主管，他們還願意提供經費。現在他們將價值四百萬元的棉花銷到日本，在日本進行紡紗，再以一千四百萬元的價格買回紡好的棉花來編織。這還不包括他們進口的大量棉織品。

我看書時發現，最近十年有許多外國旅人宣告中國覺醒，已經不下十次，所以我有些遲疑是否要再次宣告，不過這大概是第一次商人和同業公會爲了精進產業實務，而採取積極行動。若是如此，**就是**一次眞正的覺醒了，而且不只牽涉工商行業，還涵蓋了學生族群。我每隔幾天就會讀些日文翻譯過來的消息，若能夠了解日本人究竟確實無知，抑或刻意忽視，眞的很有意思。或許有些人是兩者兼有，因爲實在很難想像他們眞如那些文章所述，那麼不會判斷中國人的心理狀態。不過他們同時又必須使全國人民都相信，中國人其實最喜歡日本人，因爲他們自知對日本十分依賴，如果中國不與日本合作，一定是外國人爲了金錢或政治因素從中挑撥，而且罪魁禍首就是美國人。事實上，我懷疑歷史並不會這麼完整地記載各國間的厭惡與不信任情感。有時日本人看來已爲了孤立中國人而用盡一切辦法，不擇手段。要不是日本媒體和政治人物在最近三個月成天抨擊美國（卻在美國境內極盡巧言令色），中國人絕對會因美國邀請他們參戰，又在情勢驟變時撒手不管，而感到異常憤怒。密切觀察他們最終會敗在哪一點，絕對會是件有趣的事。

不完美的一天已經接近尾聲。我們按籌備計畫去看了那間學校，然後發現我早上搞錯了。男學生擬定了三棟校舍的建造計畫，也正在監督工程進行，但並不參與建築工作。參與木工課程的學生整個暑假都待在校內，而且是依簽署的合約爲新校舍製作書桌，校方爲他們提供空間和木材，食物和相關前置成本約爲每月五元，而他們則負責付出時間。學習金屬加工的男學生也在北京，並去店裡工作，協助商家改善產品，並製造出更多不同的產品。別忘了，這些都只是十八到二十歲的男孩子，正爲國家堅持繼續宣傳行動，而且北京夏天時連陰涼處平均都有一百度。你們不得不承認，這裡確實有些了不得的事情。

我們下午去了一場慶祝活動。在我們看來，國慶[3]氣息並不濃厚，但非常好玩，是中式雜耍。他們的長袍裝扮相當吃香，不過要頂著盛滿水的超大雞尾酒盆，或是五個各裝著一條金魚的玻璃碗，還要走來走去，確實不容易。表演者有時好像還會在端出水盆時翻筋斗，但我們沒看到。沒有什麼繁複高超的雜技，不過這是我看過最整齊俐落的表演了。今晚有一場家庭娛樂秀，但是下雨了，娛樂秀和後續的舞蹈表演都是在露天場地舉行，所以我們決定不去了。

你們絕對無法想像，拒簽和約對中國的意義有多重大。原本整個政府都贊成簽約，大總統還早在簽約的十天前就說勢在必行。這是公眾輿論的勝利，全都要歸功於這些年輕的男女學生。當然了，中國可以有此成果，美國眞該感到慚愧。

1本信應出自約翰．杜威筆下。
2即當時的北京高等師範學校，前身是一九〇二年創立的京師大學堂師範館，今為北京師範大學。

3 七月四日爲美國獨立紀念日，也就是美國國慶日，紀念一七七六年七月四日於大陸會議公布「獨立宣言」，表示正式獨立於大英帝國。

七月七日
星期天[1]

我們昨天又坐車坐了好長一段路，加起來大概有六、七十哩。而鋪設這段馬克當碎石路[2]的緣由，還眞値得一提。袁世凱計畫登基稱帝時，兒子不幸摔斷了腿。他聽聞溫泉有助於養傷，便有位官員鋪了這麼一條通往溫泉區的道路。[3]如今溫泉和那座飯店就屬於部分現任官員，以及一位近期因屢受抨擊而被迫辭職的已卸任官員，想必未來還是會有人妥善維護那條路。我們途中經過了白蛇村，又稱百善村。[4]

基督教青年會[5]和紅十字會的成員依然在從西伯利亞返鄉的歸途中，不知道他們回家之後會不會自在地談論那些事。[6]那裡發生的事可說是一團混亂，而他們談的事肯定對我們的外交事務沒有好處。掃射村莊、趁機洗劫的並不是只有布爾什維克，幸好到目前爲止，並沒有美國人做過這種事。

1推測本信出自約翰．杜威筆下。日期應有誤植，七月七日爲星期一，此信可能寫於七月六日。

2馬克當碎石鋪路法是十九世紀初蘇格蘭人約翰・馬克當（John McAdam）所發明的鋪路法，將大小顆粒不同的碎石堆疊、壓實，再灌入液體使石礫更加緊密，路面也會更爲結實。後來在英文中，馬克當（macadam）這個字也用於統稱碎石路。

3袁世凱長子袁克定於一九一三年曾墜馬而終生瘸腿。杜威在此提及的溫泉區便是今北京市昌平區小湯山鎮，清朝時即有皇室在此興建溫泉行宮，民國時期袁克定也曾於此處建有別墅。

4今北京市昌平區百善鎮百善村，距小湯山僅數公里。清朝時因村西南某座山白蛇多而稱百蛇村，一九一五年左右，政府鋪設穿過村莊的馬路（應該就是前述爲袁克定等權貴鋪設的馬路）時，因村民熱心公益而改名百善村並沿用至今。

5基督教青年會（Y.M.C.A.）全名Young Men's Christian Association，爲基督教非政府性質的國際社會服務團體。一八八五年就已傳入中國，在福州成立當地青年會，而全國性的組織則是在一九一二年才成立於上海。

6時值俄國內戰（一九一七—一九二二），故這裡指的是他們在俄國的所見所聞。一九一七年俄國爆發二月革命，俄國末代沙皇尼古拉二世退位，俄國陷入支持與反對社會共產主義兩方的大規模戰爭，戰爭結束後，蘇聯正式建立。

北京　七月八日

今早的報紙指出，日本否認曾與德國簽訂祕密協議。這裡大家似乎覺得日本人確實沒簽，只是剛開始進行協議相關的前置作業。前幾天我們吃飯時聽到這裡幾位負責相關事務的美國官員說，美國協助中國參戰後，日本便宣稱中國加入協約國是日方的功勞，設法從俄國手中取得租界。

日方還是有此打算，只是密謀已經被揭穿了，目前看來他們正準備解散現在的日本政府。根據外界解讀，他們想將政府解散的原因營造得像是民眾不滿目前的外交過失與米價飆漲，藉此換上更惡劣的一批人，反正全世界都看不出其中差異，但會因此認為日本正在進行改革。政界大老從不擔心到底是誰當選，面對選舉時反而置身事外，因為他們自知事業受到了保障，選舉根本不會改變什麼，而且這套原則也適用於立法層面；我體認到這個道理之後，便不再擔憂日本這些行徑是否符合憲法精神了。所有法案的通過都是因為有當權派的認可，而他們都深知無論立法過程中有什麼討論，法案還是會通過。這也難怪變革總是姍姍來遲，即使變革成眞，也可能會以革命的形式突然降臨。最新報導指稱，北京大學校長蔡元培表示，只要學生不再未經他同意就發起政治相關的運動，他就願意回來；我很難判斷這是妥協讓步，還是同時滿足政府和學生的妙計。蔡先生回歸的宣言也意味著，一切將迅速恢復平靜，也已經爲下一波動盪做足了準備。

我們爲房子的事眞是傷透了腦筋。洛克菲勒基金會全體成員都有了嶄新的房子，是專門爲他們建造的，非常漂亮且採中式設計，但完全沒有中國招租房屋的任何缺點。北京的所有房屋都蓋得像我們的柴棚，在地面鋪設一層幾吋厚的石頭地板，房子就直接蓋在上面。只要下大雨，院子就會積水，接下來的好幾天、甚至好幾週都潮溼不堪，水氣還會沿著牆面往上浸滲兩呎左右。昨天我們拜訪了一位中國友人，他家就是那樣，但他似乎毫不在意。如果他想在家裡泡澡，就要花請人送水來的兩倍錢；忙完加熱、運水等一切麻煩事，又無處傾倒廢水，還得再請人來一桶一桶運走。在這裡，光是看這群蜜蜂如何想出各種方法來折磨自己，就不必擔心會無事可做。基金會有位先生剛才告訴我們，苦力會偷金屬，而且無論多小，無論是殘餘的剩料或以螺絲鎖上，只要能夠取下一概偷走。困苦的生活條件儼然樹立起一套嶄新的道德標準。在中國，似乎沒有人會因偷食物而遭定罪。

1本信應出自約翰．杜威筆下。

北京
七月八日

1

洛克菲勒基金會的那些房子，巧妙地說明了金錢的力量有多大。它們在這座殘破羸弱的城市之中如鶴立雞群，彷彿閃耀著昔日光輝的紀念碑，同時完美結合了現代思想。建築風格採用最精美的古老中式設計；屋頂為綠色而非黃色，共有三層樓，不是平房。令人好奇的是，中國究竟要花多長時間，才能趕上世界的腳步並搞懂基金會的人在做什麼；據說中國人都對陌生的外國技術有所恐懼，因此不願來這間醫院。另一方面，醫院的做法也與傳教士向來的態度完全不同，不願採取一些措施吸引民眾。醫師之中有許多中國人，而且現在所有工作都開放女性參與。目前中國非常需要女醫師，但顯然還得經過一個世代，這項工作才會逐漸為大眾所了解，並且融入中國社會。有趣的是，北京最大的日本醫院和學校被這些華麗的房子包圍起來，幾乎看不到了，他們說，這下可把日本人狠狠羞辱了一番。目前房屋已近完工，但必須先拆除所有老舊破爛的建築結構，才能讓新房之美展現無遺。他們還建造了三十五間房子，同樣採用中式設計，而且具備各種現代化設施，是要供職員居住的。另外，有不少是直接沿用古老的教會醫學院校舍，或許還有一些是他們買來的王府財物，有兩隻精緻的石獅子就是來自王府邸。[2]但除了他的成群妻妾，應該沒有外國家庭能夠忍受舊時王府的不便與不適吧。

1推測本信出自愛麗絲·杜威筆下。

2協和醫學院位於清朝豫親王府舊址，當初就是買下這片土地興建校舍。據說建醫學院時，將王府建築全部拆除而挖到不少藏在地底的金銀財寶，大大幫助了後續的建設與設備的添購。

北京 七月十一日[1]

這裡有最棒的瓜果。他們的西瓜都是在大街上賣的，數量多到讓美國南方的黑人都會自嘆弗如，而且顏色就像是黃色的冰淇淋，但是不如美國的西瓜多汁。這裡的蜜瓜則不如我們美國的香，但是形狀像梨，而且更大，吃起來酸酸的，其實更像是帶酸味的黃瓜，只是籽跟我們的瓜果一樣都集中在中央。等到你們在尋常中國人家裡吃到杏仁蛋白餅和小糕餅，才會發現我們美國人與歐洲人並不是最早享用這類美食的國家。中國這個地區的人主食小麥，而不是稻米，而他們的麵包是用蒸或用煮的，也有油炸的——我完全相信甜甜圈是古代某個遠洋船長帶回美國給祖母的。這些食物我們都沒吃過，因為除了先前提過的那種鬆軟糕點，沒有一樣屬於日本原產，所以初來乍到時，很難不留下這樣的印象：這些東西都是從歐美引進中國的。你們可以去讀麥美德《費起鶴及孔祥熙》這本書，[2]看看我們國家以往有多麼善待這些中國人，就可以了解他們為何這麼喜歡美國和美國人，也會知道他們其實比我們更具備戰前所謂的基督精神。我應該在杭州的信裡提過，我們去看了紀念兩位中國官員的碑牌和寺廟。他們竄改了要發給省政府官員的一通電報，將「殺死所有外國人」改成「保護所有外國人」，因而在義和團事件中遭人分屍。當然了，那座寺廟是由中國人維護，在中國的外國人幾乎都不曾聽說那起事件。

中國人的藝術充滿童趣，認爲標新立異就是要原始質樸的美國新潮藝術家全都應該來這裡，待在中國人的原生老家裡好好研究他們。他們鍾情鮮豔明亮的色彩，巧妙掌握配色技巧，以各種方式不斷重複運用少數幾種圖形，並偏好能闡述某種劇情、概念或能展現趣味感的設計，這麼說起來，其實比起紐約格林威治村裡充滿孩子氣的藝術風格更顯童眞。

1推測本信出自約翰．杜威筆下。

2麥美德（Luella Miner，一八六一－一九三五）是十九世紀末、二十世紀初來到中國的一位美國傳教士，是中國近代推動女性教育的重要人物，曾任數所高中、大學校長，後來在山東齊魯大學任教直至終老。《Two Heroes of Cathay》爲其作品《費起鶴及孔祥熙》二〇一四年於中國出版的簡體譯本書名，此譯本出版前，學界大都將此書名直譯爲《華夏兩英雄》。本書內容採傳記形式，敘述兩位留美中國學生的生平，以及他們在一九〇〇年山西教案期間的遭遇。

北京基督教青年會

七月十七日[1]

傍晚有位年輕韓國男子來到這裡，是一位中國籍的韓國人去門廊處接待他的。這位剛來的年輕人不太會說英文，是靠著他人居中翻譯，我們才了解他的經歷。似乎一直有韓國學生跨越邊境偷渡來中國。要成為中國學生必須在此居住六年，要不然就是三年；總之要是想靠這個方法逃離日本的壓迫，[2]這段時間也足以讓人暫緩前往美國留學的念頭了。那位年紀較長、已取得中國籍的韓國男子似乎相當興奮，我想他們大概天性就比較戲劇化，手勢很多。他大力推薦我們去韓國，還打算拿些照片給我們看。這一切使我開始認真考慮，所以去讀了韓國旅遊書，想像著那裡宜人的氣候，並思考我們能否找到合適的地方住下。我第一次發現韓國情勢的嚴重性，是三月初還在日本的時候，[3]我們因韓國皇室葬禮而獲得了一天假期。在葬禮之後逐漸有些消息傳出，《日本廣告報》[4]報導傳言韓國老皇帝是自殺身亡。你們在美國可能知道這件事，當然也可能沒聽說，不過無論如何，事實真相已經傳出，眾人皆知先帝確實是自殺的，為的就是阻止在日本成長的世子與日本公主聯姻。

先帝去世當天，距世子與公主原訂婚期僅三天左右，但根據傳統禮俗，他們在皇帝駕崩兩年內不得成婚，而韓國人民都希望可以在那之前，削弱日本對韓國的掌控。我們都知道，他們在三月時就已展開行動，皇帝自殺的消息確實起了推波助瀾的作用。現在日本在韓國不斷宣傳政治改革，看來日本又想靠著改革的形象，暫時掩飾他們對全世界的實際行動與企圖。日本人就像義大利的勞工仲介，或其他手腕高明的暴發戶；他們學會了西方人的行事效率，而且比起周圍國家至少超前了一個世代。他們學會了在捨棄傳統的同時，仍不忘過往經驗，並藉此累積和鞏固剛獲取的財富。藉口是通往成功的輕鬆捷徑，只是長期下來會壓垮自己。不過，日本絕對有一定的實力，甚至有點發揮過度了。威爾遜總統說自己是因應實際需求做出了讓步；而了解他爲此提出的藉口，也只是再次證明了巴黎和會的失敗。我們才剛得知他演說所帶來的第一波回響。

我反思著我們在心態上的改變，以及來到這裡之後逐漸習慣的一切事實，才體會到確實有很多事情想向你們解釋，因爲那似乎正是這一連串事件發展的過程。我們之前讀到一本過期的刊物，發現有個美國旅人去到日本時，曾獲頒日本皇室授予的勳章，而且據說這個勳章只頒給日本人。他在那之前曾公開演講，大意是現在中國衰敗潦倒，需要外界保護，考量種種歷史因素，拯救中國的角色理所當然應由日本來扮演。爲中國製造帶來動盪的軍閥，以及仰仗外國支援而掌握大權的軍閥，似乎也都認爲這是「理所當然」的發展。如今中國的風雲人物就是徐樹錚，人稱「小徐」，對應到英文就成了一個有趣的綽號：「小鞋」。[5]他從未到過西方，認爲中國最好割讓一部分領土給會給予支援的日本，而不該奢望其他國家伸出援手，因爲他們一心只想剝削中國，而且一旦中國在日本軍隊扶持下，組織起穩定的政府，就能憑一己之力完成建國。此時，「小鞋」已順利取得國會認可，擔任進軍蒙古的總司令，意味著他有權任意調動軍隊來實行農業或其他產業的計畫，簡而言之，他就是蒙古地區最高指揮官。目前的蒙古由中國主掌，與內蒙古東部相鄰。

內蒙古東部則已按「二十一條」，以九十九年的期限租借給日本。簽署條款至今的幾天一切如常——至少大家知道的是這樣，我們的友人則說，政府可能會放任內閣瓦解，繼續苟且拖延，毫無回應公眾訴求的責任心。多數中國人民都不贊同眼前這種情況，但是因爲支援都是來自他國，國人本身又缺乏組織，只好眼睜睜看著自己的國家被賣給日本和其他侵略國。如果你們可以找到《密勒氏評論報》，[6]就翻看一下吧，特別要細讀的是，最近他們的外國事務委員會通過的法案，竟允許國家受如此壓迫——我是說，他們通過一項法案同意這種做法。幸好這項法案並不合法，也不會受到位於上海的地方議會正式認可。

基督教青年會的幹部從西伯利亞等地歸來，在返家途中來到了這裡。在這裡聽到的故事總是驚悚萬分，而且大同小異。美國派兵太少，根本做不了什麼事，反正這整件事也與我們無關。加拿大人還有點道德良知，所以撤兵返鄉了。希望他們都平安。日本人至少派了七萬士兵在那，可能還派船送了更多人過去，但他們控制了鐵路，所以根本無法追蹤他們的人數。我相信他們會根據自己對情勢的判斷，隨時增加兵力。大家有志一同，認為各國士兵都很厭惡日本兵，而且日本兵也普遍表現得很討人厭，反觀中國人倒是極受眾人喜愛。

在此同時，日本國內對稻米、乃至於各種糧食價格的不滿情緒，顯然也越來越高漲。另外，石井子爵[7]訪談的資料讀起來也很有趣，因為每次訪談結尾都一樣：對於美國國內引起動亂人士的恐懼，已然成為相當嚴重的警訊。我們還在日本時，很難理解這種強烈的反美情結，但是現在比較明白了。這會有效嗎？難道現在已經在醞釀另一場世界大戰了？這裡的人都說，學生在這次罷課中很成功地說服了士兵認同他們的想法。高等師範學校的男學生曾說，他們獲釋離開北大的監獄時頗為沮喪，因為已經說動的士兵還沒有過半。看守男學生的士兵每四小時就換一批。

這陣子經常下雨，我的老師因雨而未出席，這是典型的中國特色。要記得，他從不坐黃包車；他可能已經走到車前盯著它，思考著付點錢請人總比錯過一堂課好，但還是不坐。這裡路上的泥巴很類似長島還沒鋪碎石子路的時候，只是這裡路面更軟、更滑，還會積水。

1 本信應出自約翰．杜威筆下。

2 一九一〇年，日韓合併條約簽訂，韓國主權讓予日本；直到一九四五年，長達三十五年的朝鮮日治時期才隨著二戰結束。

3 可參考三月十日信件。韓國的三一運動與中國的五四運動相隔僅兩個月，對五四運動起了鼓舞的作用。

4 《日本廣告報》（*Japanese Advertiser*）爲一份當時於日本東京發行的英文日報，創辦人是美國人。

5 徐樹錚（一八八〇—一九二五）爲北洋軍閥皖系將領。杜威將「小徐」直譯成英文 Little Hsu，音近英文的 Little Shoe（小鞋）。

6 《密勒氏評論報》（*Millard's Review*）是當時在上海發行的英文週報，創辦人爲美國《紐約先驅論壇報》（*New York Herald Tribune*）記者托馬斯·密勒（Thomas Millard），一九一七年創刊，後因二戰時遭查封，一度停刊達四年之久，復刊後於一九五三年才正式停刊。該報以犀利報導與批判遠東時事、與美關係聞名。

7石井菊次郎（一八六六－一九四五）是當時駐美特使，極力主張日本擴張，並支持與英美合作。曾與美國簽訂「藍辛－石井協定」（Lansing–Ishii Agreement），雙方重申尊重中國的門戶開放政策，但是美國又承認了日本在華特權，因條約內容模糊而未受到重視與遵守。

北京 七月十七日[1]

很高興聽說日本審查機關沒有扣留我們所有的信件，只是既然你們說了內容不太連貫，那肯定還是有些信漏掉了。我敢確定，如果你們每封信都收到了，我們寫的絕對前後連貫。如果你們沒有專注細讀那些信，這一連串事件的發展，就只是些毫無連貫性的瑣事。由於中國並未簽署和約，這裡的局勢已經穩定下來，只是在連續數月接受各種震撼消息之後，少了些令人振奮的事情，確實頗爲空虛。我們還是希望能有場革命、政變或任何其他小事，讓這平靜慵懶的三伏天稍微熱鬧起來。

想必你們會很樂意聽到，北大校長（見五月初的信）總算宣布要回歸崗位。眾人推測是政府答應了他的條件，包括警察不再干擾學生活動，並讓校方負責約束學生。爲了取得協商優勢而辭職出走，這眞是一門藝術。可惜威爾遜總統老是學不會。中國和談代表回報，英國首相勞合．喬治曾詢問何謂「二十一條」，他從沒聽說過。不過中國人認爲貝爾福[2]要負最大的責任。爲了避免又漏了什麼消息，我要補充一下：有個中國籍的僕人告訴我們朋友家裡的男傭，中國人比外國人愛乾淨多了，因爲他們會請人來家裡幫忙掏耳朵，而且掏得很深入。這個論點眞是令人無法反駁。

我聽到你們的媽媽在樓下做件有趣的事，那就是練習中文音調的發音。這麼說吧，中文口語只有四百種發音，全都是單音節，但是每個音都有不同的音調，這一帶是四個音調，但越往南越多，到廣東就有十二種以上。在書寫方面，只有兩百一十四個偏旁，然後透過各種搭配組合來構成字。我的中文姓名是杜威，杜是姓氏、威是名字。杜是由兩個偏旁組成，分別表示樹木和土壤，而且分開書寫。威則是由更多偏旁結合而成，一個表示女人，還有一個表示飛鏢，至於剩下的，我也不懂了。[3]至於他們是如何決定讓土加上木之後變成「杜」的，別問我，我也不曉得。

1本信出自約翰．杜威筆下。
2貝爾福的全名爲亞瑟．貝爾福（Arthur Balfour），是英國保守黨人物，當時擔任勞合．喬治

（David Lloyd George）手下的外交大臣。

3 根據《說文解字》和甲骨文資料，「威」一字從女從戌，而其中「戌」爲長柄斧頭之象形。杜威在這裡所提及的飛鏢，可能是又將「戌」繼續拆解成「戈」、一撇、一橫，飛鏢指的應該就是「戈」的部分。

北京 七月十九日[1]

滿族小皇帝有一位英國老師和三位中國老師。我前幾天就見到了那位英國老師，他來三個月了，不僅指導他的英文，也教授數學、科學等。[2]中國人的性格就是如此，他們非但沒有將皇室趕盡殺絕，還讓他們繼續住在紫禁城中的一座宮殿，每年提供四百萬銀元。[3]在這座宮殿裡，這個已經十三歲的孩子依然是皇帝，人們都這麼稱呼他，還有宦官侍奉，而且宦官在皇帝面前都必須跪下並雙手著地爬行。當然了，這時的他仍是受監禁之人，但每個月可以見父親和弟弟一次，[4]除此之外，沒有年紀相仿的孩子相伴。如果你們對此情此景還有憧憬，那麼中國依然有其溫情感性的一面。帝師不必下跪，可是會以陛下之類的中文尊稱稱呼他，而且他們一起走進室內後，皇帝會等到老師坐下才就座。這是傳統禮俗，表示尊師重道，即使是曾爲蠻夷之人也對教育和學習抱持著這種態度。他擁有一座中式御花園，可以漫步其中，但無處騎馬或進行其他運動。外籍帝師試著說服當局將皇帝放逐到鄉間，讓他有些玩伴和娛樂活動，並廢除宮內的宦官制度，不過他似乎覺得政府比較可能直接罷免他的皇位。這個孩子相當聰明，博覽各家報紙，對政治興趣濃厚，掌握了巴黎和會的發展，了解各國政治人物；總而言之，他對世界政治情勢的了解，遠超過同齡的多數男孩，而且也精通中國古典文學。中國人似乎完全不擔心他會成爲各種陰謀算計的核心人物，但我想他們應該是想先將他儲備起來，想著除非有人想恢復帝制，否則他也不可能有什麼作爲，另一方面，如果他們眞讓他再度登基，那就是天意了。

不知道你們是否從我的信裡感受到了雨季的威力，但我們昨天下午確實感受到了。我們住處旁的巷道出現了一條小河，足足一點五呎深。基督教青年會大樓所在的主要街道，甚至成了一片湖泊，雖然大概不到六吋深，但那條馬路比百老匯大道寬多了，所以依然相當壯觀。北京建設排水系統已有數百年的歷史，而且下水道大得足以容納一個成人站立，儘管如此，排水的速度依然不夠快。你們現在大概就在讀來自中國某地區的越洋電報，說明淹水的情況和無家可歸的人數。黃河以禍害中國聞名，各地損失慘重。聽說大約一年前，眾傳教士涉水協助疏濬，甚至忙得沒有時間布道。他們真的幫了很大的忙，所以排除水患後，還得扣上教堂的門閂，以免中國人一股腦兒擠進教堂。不過，我們倒是不曾聽說他們將這當成傳教的最佳手法。之所以水患頻仍，絕大部分是源於中國砍伐森林的政策。如果你們看到他們埋葬亡者的巨大棺木，並體會到中國已經寥寥無幾的樹林，大都難逃被製成棺材的命運，就會贊成制定法律，規定每個人都必須種一棵樹來製作自己的棺木之外，還要額外再種一棵，否則就不准死！

我們有個新認識的朋友算是一名政要，只不過目前已經淡出政治圈了。他昨晚講了一段經歷，讓中國人都樂不可支。日本駐華大使在和會協商期間，經常求見大總統和國務總理，並每天根據他們的說法，發送越洋電報給東京政府，表示中國代表絕對會簽約。現在他得設法向母國政府解釋，處境尷尬。中國拒簽和約之後，他派了代表去找我們這位朋友，質問中國政府是不是一直在愚弄他。[5]他說並非如此，但日本人不該忘了還有股力量比政府更強大，那就是人民，與會代表只是遵從了人民的意見。日本人肯定無法判斷自己到底是不是被設計了。不過整起事件中最糟的部分是，就連機智的中國人都要仰賴美日戰爭，所以發現美國不會單純為了中國而參戰後，勢必會產生某種憎惡感。但是，假如美國早在戰爭結束時，就已運用手段強制裁軍並公正解決衝突，美國在華影響力就無可限量了。因此他們推論出，道德感才是凌駕一切的關鍵；這個論點大大彰顯出日本的道德光芒，美國反而略遜一籌。比起在美國的時候，來到中國更容易看清這個道理：如果美國並未釐清所謂的國家「理想」，就不該隨意提出聲明，一旦有所表示，就應排除萬難加以實踐。然而，我國對他國形成的財政壓力，再加上限制糧食和原物料的威脅，能使威爾遜總統得以達成任何事情。

關於北大校長，還有個小插曲。雖然他根本不是政治人物，但是掌權的軍閥派系依然將他視爲近期動亂與學生失序的究責對象。所以儘管大家都知道他即將回來，安福俱樂部卻仍試圖加以阻止。安福俱樂部是那批軍閥所組成的國會內部組織。[6]前幾天晚上，他們宴請了幾位北大學生，賄賂他們挑起事端，會後又額外給了每人一銀元，讓他們隔天搭黃包車，這樣他們就沒有理由不去學校參加會議了。總共來了十五個人，但另一陣營有人察覺情況有異，便敲響警鈴，找來大約一百人，將收賄學生都關了起來，直到他們道出實情（且在自白書上連署畫押），並交出安福黨人爲他們準備好的決議書和油印資料，才把他們放了。那些資料寫著，他們代表的才是眞正絕大多數學生的意見，他們不希望校長回校，而且先前都是少數學生在譁眾取寵等等。隔天，安福黨所掌控的報刊便報導北大發生重大動亂，並直指是某人所煽動主導，但是其實被點名的人那一整天都沒有去學校。

1本信應出自約翰．杜威筆下。

2這位外籍老師即莊士敦（Reginald Johnston），蘇格蘭人，一九一九年起指導溥儀四、五年，直到溥儀遭逐出紫禁城爲止，堪稱溥儀對西方文化的啓蒙導師，且兩人交情甚篤，爲後人所津津樂道。

3原文單位是墨西哥銀元（Mex.），但當時外國銀元與國內銀元比率幾乎相等。

4溥儀父親是原清朝醇親王載灃（一八八三—一九五一），這裡的弟弟則是與他相當親近的同母胞弟溥傑（一九〇七—一九九四）。

5這位日本駐華大使爲小幡酉吉（一八七三—一九四七），其一九一八至一九二三年在華期間，與北洋政府交涉頻繁，針對日本在華權益事宜態度強硬，甚至有多次闖入政府機關發飆的記錄。最有名的一次是一九一九年二月二日，到外交部質問當時代理總長的陳籙，中國爲何在巴黎和會上擅自公布中日兩國密約。

6安福俱樂部又稱安福派，成立於一九一八年三月的政治黨派。俱樂部成員操控了當年度中華民國第二屆國會（一九一八—一九二〇）的選舉，成爲對國會影響力極大的團體，故該屆國會亦稱「安福國會」。

北京 七月二十四日[1]

我們可能會去滿洲，大概九月的時候吧，然後十月去山西。山西現在頗受人讚揚，因爲他們的省府主席重視民生，對工作也極爲投入，據說那裡已達到六成以上的兒童就學率，並準備在一九二〇年實施義務教育。[2]中國人未借助外國支援，單憑自己的力量就輕輕鬆鬆辦到了這些，令人覺得中國充滿了希望，另一方面也不禁感到噁心，他們多數時候竟都忍受著政府的低落效率和貪汙行徑。目前普遍似乎認爲不可能永遠維持現狀，無論如何都必須有所改變；如果將學生運動視爲一樁回響熱烈的政治事件，事件確實已經平息，但就知識層面而言，這波動盪仍然延續著。例如，他們在天津發行數家日報，每份售價一枚銅元。在山東，最近有不少學生遭日本人逮捕，說明那裡的學生活動應該相當活躍。我猜開始放假時，一定有很多人湧到那裡。

聽說我們的日本友人X先生因爲山東之事對中國人相當反感，他不滿日本已經答應要歸還山東等地，還認爲中國出現穩定政府好好治國之前，日本根本不能歸還租借地，因爲目前的南北政府都羸弱不堪，中國會直接將領土割讓給其他強國，而且與其攻擊日本人，中國人不如管好自己，先穩定國內局勢再說。這個論點之中的事實部分足夠充分，因而就連X先生這種自由派高級知識分子都買帳了，並不意外。不過像他這樣的日本人不曾聽聞事實眞相，所以也無法體會中國政府之所以如此軟弱無能，正是日本政府所促成，而且軟弱分裂的中國對日本極具誘惑力，日方可以藉機無限期拖延山東租界的歸期，同時再去侵略其他地區。只要略微知道中國境內的動盪，以及中日衝突的特殊原因，就能預知關於已經承諾的歸還一事，會出現一連串推遲的藉口；總之，相較於日本緊抓不放的權益，他們曾應允歸還的租界其實微不足道。就在最近一週，滿洲發生了衝突事件，根據報導，有十五到二十個日本士兵遭中國人殺害。未來肯定會發生不少這類需要優先處理的事件。如果其他國家願意交出各自租界當作國際抵押品，或能迫使日本歸還租界，只是我可不認爲英國會放棄香港。但是在與中國交涉這方面，如果扣除美國，也不看鴉片一事，英國算是所有強國中最節制的了。我一開始對他們懷有偏見，因此得知英格蘭實際在中國的掠奪行徑並不嚴重時，著實吃了一驚。當然了，印度才是英國眞正在乎的領地，英國的對華政策也是受這個考量因素所左右，還能藉此獲取意外的貿易優勢。

1本信應出自約翰・杜威筆下。

2這裡是指時任山西省政府主席的閻錫山（一八八三—一九六〇），曾於一九一八年施行「山西全省施行義務教育規程」，明訂預計在一九二一年全面落實義務教育。

七月二十七日

時間稍晚[1]

我在不久前的信裡，應該提到過一個大約五歲的孩子，有一次在我演講時走到中間走道，站得離我很近，毫不羞怯地認眞盯著我，大概維持了十五分鐘。前天晚上，我們跟著一位當地朋友去了一間中國餐廳。有個小男孩跑進我們的包廂，開始用中文熱切地對我說個不停。我們的朋友發現，他是在問我認不認識他三叔。他就是演講中那個孩子，認出我就是之前的講者，而他三叔現在就在哥倫比亞大學念書。如果你們認識 T 先生，請代我向他問好，並告訴他我見到了他姪子。[2]這個男孩一晚來了好幾趟，每次都是那麼認眞而自在。其中一次他請我給他一張名片，小心翼翼地包在精緻的卡紙裡面。餐廳附近有個蓮花池，全都盛開著。蓮花就是蓮花，希望你們明年夏天也能親自來看看，除此之外我眞想不出該怎麼形容了。

1本信出自約翰．杜威筆下。

2內文提到的小孩和就讀哥大的 T 先生身分不詳，英文只寫 uncle，無法確認是叔伯或舅舅，此處選擇以叔姪關係譯之。

北京 八月四日[1]

上週我去了天津兩天，參加一場教育會議。會議是由本省教育委員長召開，邀請各高中等級學校的校長共同研商今秋開辦學校的相關問題。多數校長都非常保守，很不贊同學生罷課的行爲，也反對學生參與政治。他們對於設立學校相當緊張，認爲學生在參與了一整個夏天的政治活動之後，便無法再接受學校的約束管教了（他們高中之類的學校都是寄宿學校），再加上好幾個月來對政府的指揮，想必會想插手學校的營運。少數的自由派與會人員雖然希望學生乖乖專注於課業，但也認爲這些經歷具有寶貴的教育價值，學生可以獲得嶄新的社會觀點，因此教學與學校管教的方法都應該有所改變，才能符合新時局的需求。

那天，我在天津一間私立高中享用了一頓很棒的中式午餐。那所學校創立於十五年前左右，當時只有一間私人房舍、六名學生，如今校地已有二十英畝，學生人數達一千一百位，而且正在建造第一棟大學教室，預計今年秋天要招收一百名新生——總之，目前只有高中學程。[2]他們校長是位積極認眞的基督徒，認爲只有耶穌的教誨能夠拯救中國，但除此之外，整間學校都是由中國人提供資金與管理，沒有傳教士或教會色彩。最主要的出資人是位不會說英文也不信基督的老派學者，不過思想相當現代化。校長說，兩年前他們一行三人去世界各地進行教育參訪，這位老學者就是其中一人。當時美國政府派了一位特務從紐約一路陪他們去舊金山，他對老學者印象非常好：「究竟是什麼樣的教育，才能培育出這樣的人；這是我所見過氣質最出眾的紳士。與他相比，你們這些受西方教育的人都像是被慣壞的孩子。」他們絕對都具備世界級的禮儀教養，與日本人同樣彬彬有禮，但不那麼具儀式感，所以顯得自然多了。可惜，這樣的人並不多見。我問校長，傳教士的教學方式對中國人消極被動、逆來順受的性格有什麼影響。他說影響之大正如英美兩國文化之間的差異，也相當於美國老少兩代之間的差異。年輕一代的美國傳教士，特別是基督教青年會，不再採取不干涉主義的態度，認爲基督教應該要去改變社會條件。他還說，基督教青年會是社工團體，而不是傳統觀念上的傳教士組織。這一切聽起來十分鼓舞人心。或許，剔除基督教陋習並使其成為社會信仰，進而重振基督精神的會是中國人呢。這位校長是哥大師範學院的校友，也是中國目前最具影響力的教育家之一。他談吐之間運用了大量生動的譬喻，可惜我想不起他是怎麼說的了。談到日本人的充沛精力和中國人的慵懶惰性時，他說日本人就像水銀，受到周遭各種變化的影響，而中國人則似棉花球，不因外界冷熱而改變。不過，他使我肯定了原本一個還未成形的想法：中國人的保守思想其實比起我原先預設的更為智慧且細膩，並不只是一味沿襲傳統，因此一旦想法改變，就會如脫胎換骨般，比日本人改變得更徹底。

目前的代理教育部長似乎獲准正式上任，只不過有三項條件：解散北大、阻止校長返校，並將這裡的各高中校長全數解職。當然他到現在連一項都未達成，安福俱樂部為此相當惱火。大家都說他是個八面玲瓏的政客。在一次與我們的自由派友人共餐時，他向他們訴說自己受到了外界的詆毀，大家都說他是安福俱樂部的一員。

從天津回家時，我見識到了中國的另一面。他們介紹了前財政部長[3]與我同行。他是留美的高等數學博士，屬於頂尖知識分子，但是談論的話題竟是應以科學方法研究靈魂、神靈附體、占卜等，才能透過科學論斷靈魂和主宰一切的力量是否存在，過程中還穿插了許多中國的鬼故事。除了故事帶點中國色彩，我不知道還有什麼特別具有中國特色的部分了。他絕對比有些美國的心靈主義者更有智慧。但是故事裡的當然都是中國的鬼魂，而且大都跟中邪有關。我想你們應該都知道，中國富有人家的門口都會有一堵牆，就是爲了將鬼魂擋在外面，因爲鬼不會轉彎，所以如果在前門正前方建了牆，這就會是間安全的房子，否則鬼會進到屋內並附在人身上。如果有人不太舒服，就表示被附身了。天津似乎有許多卸任官員都對靈學研究興趣濃厚。既然中國是鬼魂的故鄉，我就不懂西方的相關調查人員爲什麼不來這裡進行研究。這些受過高等教育的中國人